dtv

»Wenn nichts in mir lügt, liebe ich!« – Und wie er liebt, der Verfasser der ›Kelly-Briefe‹, und was für Namen er für die Geliebte, der er schreibt, erfindet: sie ist seine Liebste, sein Liebes, sein einsamer Liebling, er nennt sie: mein Heuhaufen, mein Sommer, meine Nacht, aber auch: meine römische Straßendirne, Ungeheuer, aprikosenkauende Pharaonin! Es sind die leidenschaftlichen, romantischen und gleichzeitig rücksichtslos verrückten Briefe eines jungen Mannes, der die Liebe heiligspricht und den Wahnsinn der Liebe. »Eines Tages werden wir beide alt geworden sein«, schreibt er, »und nichts wird aufgebraucht sein von allem, was wir verschwendet haben.«

Wolf Wondratschek, 1943 geboren, lebt in Wien. Weitere Werke u. a.: ›Die große Beleidigung‹ (2001), ›Mozarts Friseur‹ (2002), ›Mara‹ (2003), ›Die Einsamkeit der Männer. Carmen‹, ›Im Dickicht der Fäuste. Vom Boxen‹, ›Saint Tropez‹ (2005) und ›Einer von der Straße‹ (2006).

Wolf Wondratschek
Lilo Rinkens

Kelly-Briefe

Mit einer Notiz von
Christian d'Orville

Deutscher Taschenbuch Verlag

August 2006

www.dtv.de
Erstveröffentlichung: München 1998
Umschlagkonzept: Balk & Brumshagen
Umschlaggestaltung: Lilo Rinkens
unter Verwendung eines eigenen Manuskripts
Satz: Fotosatz Reinhard Amann, Aichstetten
Gesetzt aus der Stempel Garamond 10,25/13,25
Druck und Bindung: Druckerei C. H. Beck, Nördlingen
Gedruckt auf säurefreiem, chlorfrei gebleichtem Papier
Printed in Germany
ISBN-13: 978-3-423-13480-4
ISBN-10: 3-423-13480-1

Notiz zur Publikation

Das einzig bestimmbare Reale ist das mir vorliegende Dokument eines Briefwechsels, spontan entstanden, geschrieben zwischen einer Frau und einem Mann, zweier Liebender.

Der Austausch der Briefe ist also eine Liebesgeschichte. Sie ist, wie immer, vielfältig und sehnsuchtsvoll. Liebe findet wohl statt, leidenschaftlich und unaufschiebbar vom Verlangen der Frau – bezweifelt und distanziert wohl als »eine Sache ohne Wahrheit« von seiten des unschlüssigen Mannes.

Am Ende dieser Briefbegegnungen stehen rätselhafte Ankündigungen, die eine mögliche und doch wohl eher unmögliche konkrete Wiederbegegnung in Kairo verheißen – dorthin will sie reisen, dortselbst soll er sie liebend finden. Kairo als magisch-lustvoller Ort des Verschwindens, damals wie heute, Ort des Sich-nicht-mehr-Wiederfindens, des sphinxhaften Schweigens.

Zwischen den Orten und Gezeiten ist nun dieser schwierige Briefwechsel angesiedelt, fast über ein Jahr wohl. Sie aus Europa in einer chiffrenhaften Bildsprache mit mathematischen Andeutungen schreibend, stark und fordernd – er aus New York, zerstreut und abgelenkt zuerst, über Rückkehr phantasierend, dann zunehmend geistesabwesend, Ruhe suchend in einer psychiatrischen Klinik, in die er völlig zufällig gerät, jedoch schnell wahrnehmend, daß ihm etwas Besseres gar nicht hätte passieren können.

Er will seine »Liebste« keinesfalls sehen, sie darf nicht nach New York kommen. Sie verbleibt in Europa, äußert sich dann aus dem melancholischen Wien und später plötzlich aus Rom. Weniger eine Reise, fragt er sich, sondern eine Flucht?

Die folgenden Feststellungen entbehren weitgehend klarer und vernunftgemäßer Ordnungen, nach denen sich der durchaus intelligente Mann aber zu sehnen scheint. Die Ärzte der Klinik finden keine einheitliche Diagnostik, im Gegenteil zeugen wirre Mitteilungen von vielschichtigen Vermutungen, die der Schreiber seinerseits noch weiter ausmalt und seiner Freundin gegenüber reflektiert. So ist natürlich alles Unverständliche das Resultat einer Krankheit, z.B. die Art seiner »Selbsteinkerkerung« oder die Annahme, er würde mit sich selbst korrespondieren. Eine fingernägelkauende, angst machende Ärztin, Frau Mitchell, phantasiert »Selbsthaß« eines »größenwahnsinnigen Versagers«? Herr Dr. Bagatella sucht wohl im Grunde einen freundschaftlichen Kontakt, selbst einsam, zu dem fraglichen Kranken, dessen Briefe aus Europa, von Kelly, er heimlich entwendet, um sie in eigenartiger Spannung erregt plötzlich lesen zu können. Er spekuliert über die vermeintliche Liebesunfähigkeit des Mannes, möglicherweise »Hinweis auf eine Schizophrenie«?

Was bewegt den Mann selbst, der weder »krank« noch »normal« zu sein scheint? Er sucht in der Klinik die vollkommene Ruhe des abgeschlossenen Zimmers, er will sich dadurch »wehrlos« fühlen, er philosophiert, »was mich von der Welt draußen trennt, das bin ich«. Er genießt »die Wonnen der Gleichgültigkeit«, den völligen Stillstand. Es bleibt rätselhaft offen, ob seine vermutete Liebesunfähigkeit – und was ist dies wohl in diesem Zusammenhang? – »ein Todesurteil« ist. Sein gegensätzliches Erleben äußert sich auch, fast schreiend, an Kelly gewendet, in dem Ausruf: »Leben, Leben, Leben, singen die Vögel«. Die Doppeldeutigkeit seiner Situation läßt die Vermutung zu, Kelly stärker zu vermissen, als er es sich eingestehen will.

Eines Tages, zusammen mit Dr. Bagatella Monet-Bilder im MOMA betrachtend, entweicht er später ohne Schwierigkeiten und taucht »genesen« in Miami Beach auf. Ist er genesen, von was ist er geheilt? Oder entspricht dies gar nicht der Wahrheit, seiner Wahrheit? Ist sein Leben im tiefsten Grunde nicht doch eine Katastrophe, die er durch Apathie und Gleichgültigkeit auszubalancieren scheint? Was war das wohl für eine Katastrophe? Ist Liebe letztlich ein Ort, unmöglich, sich dort zu treffen? Ist der Ort möglicherweise ein Ort poetischer Phantasie, wie ihn nur der Briefwechsel, wild und melancholisch, auch komisch und grotesk, zu spiegeln scheint?

Also: real kann ich nur die Vorlage dieser unterschiedlichen Briefe bestätigen.

Christian d'Orville

»Und so wie üblich verwirrt über die Vielzahl der Dinge, die nach einer Erklärung verlangen und uns ihre Botschaft aufprägen, ohne einen Hinweis auf ihren Sinn zu hinterlassen, warf sie ihre Manila-Zigarre aus dem Fenster und ging zu Bett.«

Virginia Woolf, ›Orlando‹

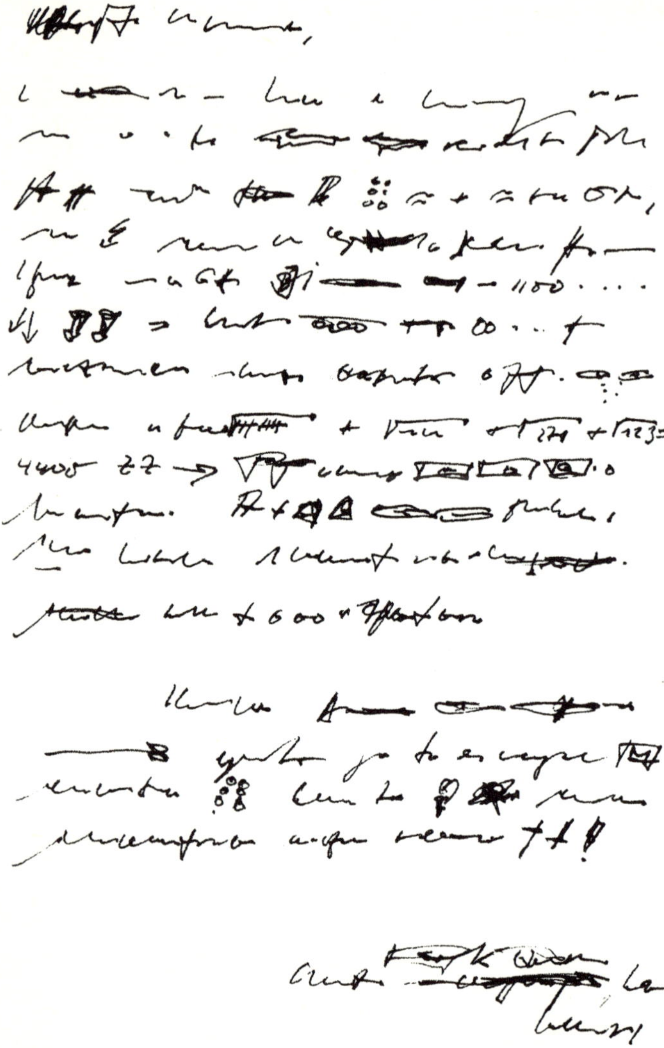

NYC

Liebste,
Du willst im Ernst nach NYC ziehen? Nun, dann mußt Du verrückt geworden sein! The city that never sleeps? Alles Quatsch! Natürlich schläft jeder. Es leben hier nur einfach zu viele, viel zu viele Menschen, so daß die Stadt keine andere Wahl hat: die eine Hälfte schiebt die Tag-, die andere die Nachtschicht; sie würden sich sonst zu Tode trampeln. Es wimmelt hier nur so von Menschen, alle krank, sehr sehr krank, was kein Wunder ist bei diesem Looping, das sich nicht einmal in den allerdunkelsten Ecken der Stadt verlangsamt. Du behauptest, Europa (ausgerottet durch Erinnerung!) sei wunderlich geworden, wunderlich alt und umständlich. Wie wunderlich? Wie ein Liebhaber mit zuviel Respekt vor frischer Bettwäsche? Na ja, russische Taxifahrer sind da sicher weniger zimperlich, das stimmt.

Du strebst jetzt die drastische Vereinfachung Deiner Ansprüche an? Kann es sein, daß Du auch noch indianische Anteile in Deinem Blut entdeckt hast, und das mit Hilfe mathematischer Gleichungen? Schön, daß es Zahlen gibt, nicht wahr? Auch eine Art abzurechnen!

Solltest Du aber inzwischen tatsächlich übergeschnappt sein, dann komm her. Hier bist Du dann unter Deinesgleichen. Aber ich warne: ein paar Quadratmeter Sand in der Sahara enthalten mehr Wahrheit als die ganze Fifth Avenue zusammen. Auch kann ich mir kaum vorstellen, daß Du in einer Stadt leben willst, in der Analverkehr der sichere Selbstmord ist. Ich kenne Dich doch.

NYC, meine Liebe, das ist die Kollision der Vergangenheit mit der Zukunft. Daß bei diesem Zusammenspiel so etwas wie eine Gegenwart entsteht, ist ein Irrtum.

Ich hoffe, Du warst nur ein wenig verwirrt, als Du mir diesen Brief geschickt hast, und fühlst Dich bereits besser und überlegst Dir das alles noch einmal.

Fahr ans Meer; und wenn es regnet, schau dem Regen zu, der draufregnet. Lehne Dich neben der Küstenstraße an einen krummgewachsenen Baum. Und wenn Dir nach schreien ist, tu's; es ist ja bei diesem Sauwetter niemand unterwegs außer Dir. Aber erspar Dir diese Stadt (und damit die fürchterlichste Variante menschlicher Einsamkeit). Im übrigen bin ich drauf und dran, meinen Rückflug zu buchen. Warte also.

Aber zum Schluß muß ich Dir doch ein Kompliment machen. Du drückst Dich in Deinem Brief wenigstens klar und deutlich aus. Und deshalb eine klare Antwort auf Deine Frage, ob ich Dich liebe. Liebe ist eine Sache ohne Wahrheit. Suchen wir nicht danach.

W.

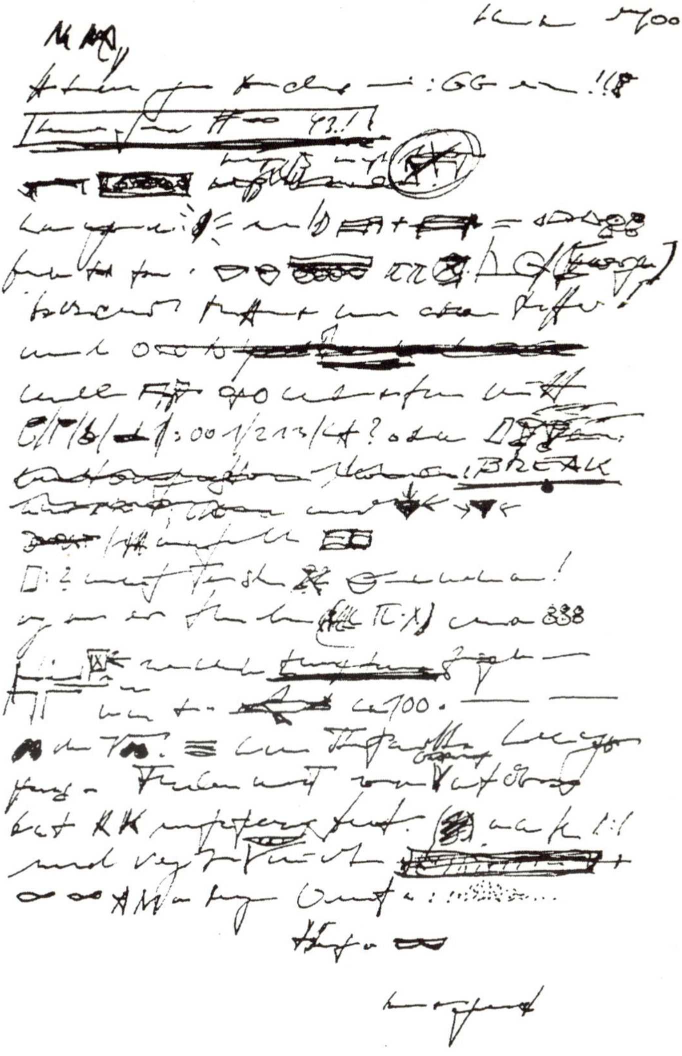
BREAK

Woran liegt es, daß Du Deinen Humor eingebüßt hast? (Bitte, nicht Du auch!) Natürlich war ich nicht gemein, Dir NYC auszureden. Ich weiß nur nicht, was Dich hierher treibt. Ich hoffe, ich kann Dich von falschen Entschlüssen abhalten, zweifle aber daran. Ich war auch weder high noch betrunken, als ich Dir antwortete. Und die Befürchtung, Du könntest meinen Brief unbedacht herumliegen lassen und jemand könnte ihn lesen und dann einigermaßen erstaunt sein, teile ich nicht. Ich weiß, daß auch dieser Brief in Deinem Papierkorb landen wird, und sei es nur aus Wut darüber, daß es (wieder) kein Liebesbrief ist. Und so beschimpfst Du mich, und wie!

Andere Frauen? Ich glaube nicht, daß Du mich mit einer anderen Frau im Bett überraschen wirst, solltest Du, was ich nicht hoffe, unangemeldet und unvermutet doch vor meiner Tür stehen. Ich lebe allein. Hin und wieder, zugegeben, vergnüge ich mich (wie selten ist es tatsächlich das, ein Vergnügen!), aber dann in einem Hotel, und das auch nur nachmittags für zwei Stunden. Nein, nicht mit Huren, sondern mit wohlanständigen Ehefrauen, die sich dabei aber wie welche vorkommen wollen. Du kennst meinen Geschmack. Und hast mir dieses Laster ja auch immer nachgesehen, wie Du zugeben mußt.

Welche Entscheidung ist es, die Dich nach NYC treibt? Selbst wenn Du nur endlich mich wiedersehen willst, wäre Dein Entschluß falsch. Oder willst Du reich und berühmt werden? Oder im Gegenteil: willst Du hier einfach, aber eben aufregender als sonstwo, vor die Hunde gehen? Andere Luft schnappen, wie man so sagt? NYC auf Dich wirken lassen? (Wie kann ich Dich davor warnen?) In jedem Fall aber solltest Du aufhören, das Leben zu suchen. Schon gar nicht hier, und nicht in meiner Nähe.

Es wird Dich langweilen, mich wiederzusehen. Es wird Dir angst machen, wie geistesabwesend ich geworden bin. Jaja, beliebte ich zu scherzen, die gute alte Melancholie, dieses Plüschtier! Aber nein, beliebte der Doktor zu antworten, das hatten wir, hier handelt es sich um ausgewachsene Depressionen. Sie sind krank! Ich mußte gähnen. Krank? Ich weiß, sagte er, leicht ist es nicht, sich das eingestehen zu müssen. Und während er meine Pupillen untersuchte, dachte ich an die vergangenen Wochen zurück, an die qualvollen Stunden stumpfsinnigen Nichtstuns, an das heillos lärmende Durcheinander in meinem Kopf – von Gedanken zu reden wäre wirklich eine Anmaßung –, ich dachte an die Gewißheit, daß der Tag kommen würde, wo abgerechnet wird. Wie oft haben wir darüber Witze gemacht! War er angebrochen? Beruhigend eigentlich nur, daß ich vielleicht noch eine Nacht Aufschub hatte, denn jetzt sah ich durch das Fenster die Sonne untergehen. Die Sonne, nicht mich!! Noch eine ganze lange Nacht also Zeit zu weinen – und bis zum Morgengrauen auf meiner Henkersmahlzeit rumkauen, einer Scheibe trockenen Brots, die ich so geduldig zerkleinere, als gebe es für diese asketische Übung mildernde

Umstände. Ich werde, Doktor, das verspreche ich, mit dem, der da weint, ein bißchen reden. Ich werde versuchen, ihn zu trösten. Ich werde lachen, wenn ihm das hilft. Wenn er will, werde ich tanzen. Und ich werde, sollte ihn das aufheitern, das letzte Glas mit ihm leeren.

Durch mich gehen gefährliche Gedanken. Ich höre die Krokodile atmen unter dem Asphalt. Aber mehr als die fürchte ich den Wahnsinn. Und Deinen nächsten Brief.

W.

Das hier ging gestern nicht mehr in das kleine Kuvert, das einzige, das ich hatte. Darum dieser Rest meiner Antwort heute mit getrennter Post. Du weißt doch, warum es mich nach NYC verschlug, eine Entscheidung, die zu bedauern ich in den kommenden Monaten, denke ich, genug Zeit haben werde. Ich hatte das kleine Haus südlich von Rom doch schon von Moshe Khan angemietet (ein einfaches Steinhaus ohne Komfort wie Strom und Wasser, mit einer Zisterne daneben, abseits gelegen in unbeschädigter Umgebung, das ich mir sofort so liebenswert vorstellte wie die Fischerhütte bei Vareugeville, die Monet gemalt hatte, wobei ich von diesem Motiv nur die Kohlezeichnung kenne, die ich einmal in einem Katalog entdeckte, dessen vollendete Ausfertigung in Farben ich aber bis jetzt in jeder seiner großen Ausstellungen vergeblich gesucht hatte), um dort endlich diese verdammte Geschichte zu schreiben. Sie sollte vom Spiel des Zufalls mit dem Schicksal handeln, oder anders ausgedrückt: von den Wundern der Notwendigkeit – und einen jungen Araber zum Helden haben, der sich, wenigstens zu Beginn der Geschichte, sein Geld damit verdient, Hunde wohlhabender Damen auszuführen, eine Beschäftigung, die er aufgrund einer Annonce in einer Tageszeitung gefunden hatte und der er, um das Ende vorwegzunehmen, etwa eineinhalb Jahre später sein Glück verdanken wird, denn in dieser zugegeben kurzen Zeitspanne avancierte er zunächst zum Darling speziell einer Dame, die ich höflicherweise Madame V. V. nennen wollte, was ihre wahre Identität mehr als verschleiert, zumal sie eigentlich eine Italienerin ist, die französisches Geld geheiratet hatte, und dann zum Geheimtip – das waren die Monate, als Madame V. V. den jungen Mann mit Freundinnen wie Feindinnen teilen mußte, was den leeren Stunden ihres Lebens neuen Sinn verlieh – und schließlich, nach der ersten bedeutenden Modenschau unter eigenem Namen, über Nacht zum vergötterten, weltberühmten Liebling unter den vier, fünf genialen Modeschöpfern unserer Zeit, und das nur, wie ich erzählen wollte, weil er in einem armen Land in eine arme Familie hineingeboren wurde, zu arm auch, um ihre Kleider nicht selbst nähen oder ausbessern zu müssen, eine Tätigkeit, zu der er, und nur Allah weiß, weshalb, von dem zartesten Alter an eine allen unerklärliche, gleichwohl aber innige Hingabe verspürte und sofort auch mit selbstverständlichem und gewissenhaftem Geschick mit Nadel und Faden hantierte, mit Stoffresten, die er sammelte und in einem Beutel aus Ziegenhaut aufbewahrte, mit Fetzen und Lappen, denn er begnügte sich noch bescheiden mit allem, was vorhanden oder leicht zu bekommen war, und schnitt Muster und fing an zu nähen, natürlich sehr zur Freude seiner acht Schwestern, alle älter als er, deren gesamte Garderobe er herstellte, wozu er eigens Skizzen anfertigte, bunte Entwürfe mit Kinderstiften, jeder verschieden durch Andeutungen kleiner feiner Details, die, wie er sich das selbst ausgedacht hatte, jede seiner Schwestern liebevoll und auf individuelle Weise charakterisieren sollte, wobei er, nicht zu vergessen, gerade mal sieben oder acht Jahre alt war, und trotzdem schon jetzt besonderen Gefallen fand an der Rivalität, die er unter den Mädchen zu entfachen imstande war, denn die Geschwister taten nichts lieber, als mit immer ungewöhnlicheren, ja gewagten Kleidern am Leib die Leute zu schockieren, vor jungen Burschen zu posieren, vor Freundinnen zu prahlen, so daß es auffiel in der dörflichen Gemeinschaft, in der mein junger Held ja aufwuchs, fernab jeder europäischen Zivilisation, und schon bald zu Feindseligkeiten führte, zuerst natürlich zwischen seinen Eltern, wobei die Mutter, die nie etwas anderes trug als die übliche einfache schwarze Kleidung, zu allem schwieg, aus praktischen Gründen, versteht sich, den Sohn auch nicht von seiner Lieblingsbeschäftigung abhielt und ansonsten nur bei jeder Gelegenheit Allah anflehte, zum Segen ihres Kindes zu wirken, während der Vater, ein Gemüsehändler ohne Talent zum Fleiß, der seine Sorgen verschlief, Allah stumm verfluchte und den Sohn auch, den einzigen immerhin, wegen dessen weibischem, ihm nicht nur unverständlichen, sondern unerhörten Getue – und bald nicht nur den bösen Blick seiner Frau (bis ins Schlafzimmer hinein!) zu ertragen hatte, sondern sich plötzlich auch isoliert fand, was die Töchter betraf, die kaum noch das Wort an ihn richteten, was meinen Helden, noch bevor er ganz volljährig war, dazu veranlaßte, fortzugehen, zu fliehen, zu entkommen, sich ohne Bedauern und ohne Erklärung für immer zu lösen von einer Welt, die, klein, schroff und rückständig, wie sie war, sich nie ändern würde, was er dann eines Tages auch tat, indem er sich auf das Schiff nach Spanien schmuggelte, sich danach auf die umständlichste Art bis nach Paris durchschlug, mittellos, halb verhungert, aber mit großen Augen und einem vor Mut und Erregung klopfenden Herzen, was kein Wunder war, denn viel mehr als unverputzte niedrige Hütten, Gassen, Schafherden in der Ebene zwischen dünnstämmigen, wie Pfauenfedern geschwungenen Palmen und dahinter am Horizont das Massiv der Gebirge hatte er nicht gesehen, weshalb er auch die ersten Wochen mehr durch Paris taumelte als ging, was auch daran lag, daß er vor Erschöpfung kaum noch den Hunger spürte, der ihn quälte, und doch fühlte er sich leicht wie weißer Rauch und glücklich, den Grenzen nicht nur seines Landes entkommen zu sein, sondern auch denen seines Körpers, ein Wohlgefühl, dem er ganz vertraute, weil es ihn auf einen Zufall hoffen ließ, der es ihm ermöglichen würde, eines Tages genau das zu tun, was er als sein einziges, sein einzigartiges Talent ansah: das Geschäft mit der Kunst, Kleider zu erfinden, sie zuzuschneiden und zu nähen, natürlich Kleider für ganz und gar erwachsene Frauen, gefertigt aus den kostbarsten Materialien, Kleider, die sich nur Frauen leisten konnten, die er sich, vorerst allerdings, kaum in seiner Phantasie vorzustellen wagte, Frauen, reich nicht nur an Vermögen, sondern reich an Schönheit, an Empfindung, an Eleganz, einer Eleganz, hervorgerufen durch eine verschwenderisch verlangsamte, gleichsam schläfrige Art der Bewegungen, Frauen (aber was konnte mein Held schon davon wissen) mit deftigen Allüren, beschädigt alle vom andauernden Dämmerlicht einer in ihren Seelen schlummernden Verzweiflung, komplizierte Individuen, die den jungen Araber zu Tode erschreckt hätten, wäre er nicht so unschuldig gewesen und ohne Vorstellung, so wie er immer noch war, heil geblieben, denn er hatte ja auch, wie gesagt, weiter nicht viel mehr entdeckt bisher als jene Annonce in einer Zeitung, die zu lesen ihm nicht leichtgefallen war, denn viel hatte er sich auf diesem Gebiet selbst nicht beibringen können, aber immerhin das kapierte er, daß da jemand gesucht wurde, um Hunde auszuführen (wie sich dann herausstellte, waren es nicht etwa reinrassige Exemplare, sondern fast immer armselige Kreaturen aus den überfüllten Käfigen der Tierheime, Straßenköter, wie er sie von zu Hause her kannte, weiter nicht definierbare Mischungen, wie die von Madame V. V., kurzbeinig und mit einem für seine Größe viel zu buschigen Schwanz), zwei Stunden am Tag, und das dreimal die Woche – aber damit betrat er dann jenen für ihn so fremden Boden, auf dem, unsichtbar für ihn, schon jene Spur eingraviert war, der er folgen würde, vielleicht auch mit der Hilfe der vielen Gebete seiner Mutter, ganz sicher aber beobachtet von einem Engel, der ihm zugeordnet sein mochte, ein Engel des hellen Tageslichts, denn es war ein Sommertag, als mein Held (zum wievielten Mal bereits?) von der Haushälterin von Madame V. V. Hundeleine und Hund ausgehändigt bekam und damit gerade zur Tür hinauswollte, als er durch eine halb offenstehende Tür seine eigentliche Arbeitgeberin erspähte, wie sie vor dem Spiegel stand und mißvergnügt das Bild betrachtete, das sie abgab; soweit er sehen konnte, schien sie mehr unzufrieden als unschlüssig, was den Sitz ihres Kostüms betraf, und ihr Gesichtsausdruck ließ vermuten, daß sie sich der unerträglichen Kopfschmerzen entsann, die sie vergangene Nacht geplagt hatten, und befürchtete, sie kämen augenblicklich zurück, und genau in dieser Sekunde schaute auch sie (ganz und gar nicht wie jemand, der in einer Erzählung nur eine Nebenrolle spielt) durch die Tür hinaus auf die Diele, sah dort eine nie gesehene fremdländische Erscheinung, einen sehr jungen Mann, dessen scheues Lächeln sie sich nicht erklären konnte, der sie aber unverwandt anblickte, der dann die Hundeleine (und damit den Hund) am Türknauf festband und, wie soll ich sagen, an der Hand seines Engels ins Zimmer kam, zu ihr trat vor den hohen Zimmerspiegel, sich nach einem Blick auf das Spiegelbild zu Madame V. V. umdrehte, vor ihr auf die Knie fiel – in einer ganz entfernten Kammer seines Gedächtnisses entging er durch diesen Kniefall nur der Ohrfeige, die ihm sein Vater zu verabreichen gedachte! –, den Rocksaum aufgriff, einige Zentimeter anhob, mit der freien anderen Hand an der Nahtseite den Stoff straffte und vorschlug, gleichzeitig den Rockbund bis hoch in die Taille zu verlängern, und der dabei so ernst schaute, wie es nur Menschen noch können, die vom Träumen besessen sind, an der Silhouette ihres Körpers hinaufschaute, dem verblüfften Blick von Madame V. V. entgegen, in deren Augen sich ein Glanz auszubreiten begann, der von einer plötzlichen Kurzatmigkeit herrührte, einer Beklommenheit, auf die eine Frau wie sie nicht gefaßt sein konnte, nicht jetzt, nicht hier, schon gar nicht in Gegenwart eines jungen Arabers, der vielleicht gerade ehrlich und begabt genug war, ihren Hund Gassi zu führen und ihn heil wieder abzuliefern, aber sie wehrte sich ja nicht, fiel ihr auf, sondern folgte seiner Aufforderung, das korrigierte Bild zu betrachten, und entschied auf Anhieb, den jungen Mann mit der von ihm vorgeschlagenen Änderung zu beauftragen, eine Dummheit vielleicht, aber eine ganz nach ihrem Geschmack, ein Entschluß, ausgeführt mit der gleichen brutalen Konsequenz, mit der sie Liebhabern den Laufpaß zu geben pflegte; aber lassen wir die Dame mit sich allein, mich interessierte in der Geschichte, die ja dann doch nie geschrieben wurde, wie Du weißt, der junge Held und, allenfalls noch, sein Engel. Du ahnst schon, was ihm widerfährt. Ich habe es oben bereits angedeutet. Bald war er acht Frauen zu Diensten, die gleiche Zahl wie die seiner geliebten Schwestern. Zuerst freilich durfte er weiter nichts tun, als den Inhalt ihrer Schränke begutachten. Wohlgemerkt: damit aber befand er sich bereits im innersten Bezirk, den so ein Haus (neben dem Schlafgemach!) zu bieten hat, ein Ort, wo die Seele der Menschen sich nicht nur zurückzieht, sondern verkleidet. Er unterzog das eine oder andere Stück einer modischen Revision, mehr und mehr nach dem eigenen Geschmack, der bald der seiner Verehrerinnen wurde, und zwar immer mehr, was dazu führte, daß er sich entscheiden mußte – und schließlich doch Madame V. V.

den Vorzug gab, wie es sich, wie er fand, auch gehörte, um für sie sein erstes eigenes Kleid zu entwerfen, ein Kleid für eine Party, die sie zu Ehren ihres alten Freundes Marcello Cherubini zu geben beabsichtigte, ein Einzelstück, versteht sich, eigens für sie geschaffen und ausschließlich für diesen Anlaß nur. Mein Held, noch immer eigentlich mehr nicht als ein Junge, schuf nicht nur ein Kleid, natürlich nicht! Er schuf ein Kunstwerk! Und damit alle Voraussetzungen, nie mehr hungern, nie mehr Stoffreste sammeln und aneinandernähen, nie mehr Hunde Gassi führen zu müssen, es sei denn die eigenen. Ich überlasse es der Phantasie des Lesers, ob es sich dabei um hochbeinige Doggen, glattrasierte, auch in der Sommerhitze immerzu frierende Winzlinge oder um jene bemitleidenswerten Köter aus den Tierheimen handeln wird.

Ach so, den Titel dieser verdammten Geschichte hatte ich auch schon.

Aber dann machte ich den entscheidenden (und, wie ich weiß, folgenschweren) Fehler, mich nicht für das Haus in der Nähe Roms zu entscheiden, denn einen Tag vor meiner Abreise in den Süden (die Notizen zu der Geschichte im Gepäck!) rief mich eine alte, inzwischen verstorbene Bekannte an – nebenbei: ein plötzlicher Tod wie dieser macht einen handlungsunfähig für irgendwelche Pläne, auch nur für Pläne den morgigen Tag betreffend!), bot mir die Schlüssel zu ihrem New Yorker Apartment an, und das nicht nur für unbestimmte Zeit, sondern auch noch gratis. Gab es da viel zu überlegen? Hätte es gegeben, ich aber unterließ es. Ich fühlte mich jedenfalls, vom Moment dieses Gesprächs an, der monumentalen Selbstverständlichkeit eines einfachen kleinen Hauses im Nirgendwo eines maßlosen Naturstillstands und, ich gebe es ja auch gern zu, den Auswirkungen eines wochenlangen Alleinseins weniger gewachsen als den lauten, den üblichen Schlampereien einer Metropole wie NYC.

Die Natur übertreibt nie! Vielleicht ist es das, was mich bis heute verwirrt und beschämt! Da kam mir der Vorschlag, mich auf die gewohnte tumultartige, eigentlich auszehrende Art und Weise mit meinem Alleinsein herumzuschlagen, gerade recht. Fahr nach NYC und schreib die Geschichte dort, redete ich mir zu – und schleppte die Notizen tatsächlich auch hierher mit. Irgendwo müssen sie hier noch in einem Kuvert in irgendeiner Schublade herumliegen! Anonymität dort, eingetauscht gegen die Schatten unter Olivenbäumen und den Zauber von Vogelstimmen. Also flog ich, ich Idiot, hierher. Und es kam ja dann auch, wie es kommen mußte. Ich drehte durch! Und das mit einer Konsequenz, die hier an der Tagesordnung ist, die allerdings schon nach kurzer Zeit nicht mehr anregend war, sondern irgendwann einfach tödlich sein würde. Ich sah mich, Opfer einer netten kleinen Höllenfahrt, schon umfallen! Ich machte trotzdem weiter, und jetzt erst richtig. Wie leicht es ist, sich wachzuhalten, wenn man die richtigen Leute kennt! Und ich lernte nur solche kennen! Ich peitschte mich vorwärts. Kinos. Pornokinos. Kneipen. Restaurants. Jazzkeller. Bars. Bordelle. Discos. Nachtcafés. Sandwichbuden. Kubanische Delis.

Wohnungen. Absteigen. Zimmer. Und überall saßen sie herum, alle aufgekratzt, geschminkt, nackt, Christus-Süchtige, Mondanbeterinnen, Stripperinnen, schwule Polizisten, Stricher, Schauspielerinnen, kommende Finanzgenies, immer allerdings auf Pump unterwegs, Mädchen, von zu Hause ausgerissen, namenlose Filmproduzenten, Schriftsteller, die alles, was sie je zu Papier gebracht hatten, auswendig konnten, Dichterinnen mit Bürstenschnitt und Fliegerstiefeln, die mit Versen versuchten, den Lauf der Sonne zu beeinflussen, lärmresistente Junkies, umsorgt von bildschönen jungen Jüdinnen, Universitätsprofessoren auf dem Absprung nach Mexiko, um dort Experimente mit dem Jenseits zu beginnen, alle ehrgeizig, alle vollgepumpt mit irgend etwas, glatzköpfig oder mit grellbunten Perücken auf dem Kopf, alle glück- und erfolglos, Statisten einer Katastrophe, die dem Rest der Menschheit zugedacht war. Sie selbst hielten sich mit Monologen schadlos. Sie rauchten, tranken, was auch immer, schluckten Pillen, sie telefonierten, tanzten, kochten Kaffee – und das alles, wie gesagt, in einem Tempo, das mein eigenes bei weitem übertraf (und meines ist an sich schon, wie Du weißt, bemerkenswert!). Glaub nicht, daß ich auch nur eine oder einen mit Namen kannte. Sie tauchten auf und schwirrten weiter. Sie segneten einander, sprachen Gebete – und gleichzeitig klauten sie einem Geld. Für jeden, der von der Bildfläche verschwand, tauchte ein anderer auf.

Sex? Jede Menge, was nicht heißt, daß sich die Menschen dabei berührten. Es heißt nicht einmal, daß es

Menschen waren, die sich von einer Zimmerecke zur anderen paarten. Außer den Schwulen befinden sich alle, die sich hier nach Liebe sehnen, im Kriegszustand miteinander.

Irgendwann, um es kurz zu machen, war dann Schluß. Viel weiß ich nicht mehr. Entweder ich fiel vom Barhocker, was die Schramme im Gesicht und die Schmerzen am Handgelenk erklären würde, oder ich kippte auf einer Tanzfläche um, keine Ahnung. Wie ich dann allerdings in das Zimmer kam, in dem ich auf einer Matratze aufwachte, weiß ich nicht. Das Mädchen, das mich aufgelesen haben muß, war jedenfalls heilfroh, keine Leiche beseitigen zu müssen. Ich beseitigte mich selber, lief nach Hause und schloß mich dort ein. Gott sei Dank hatte ich Gobbo für alle Fälle einen Wohnungsschlüssel überlassen, ich wäre sonst an Erbrochenem erstickt oder in einer letzten, ebenso trügerischen wie tröstlichen Halluzination aus dem Fenster geflogen. Als ich zu mir kam, lag ich in angenehm lauwarmem Wasser in einer Badewanne, Gobbo bei mir, der es trotz Gegenwehr fertigbrachte, mir irgendeine gräßlich schmeckende Flüssigkeit einzuflößen, wobei er nicht einmal jetzt aufhörte, Sätze von sich zu geben wie diesen, den ich tatsächlich nie wieder vergessen sollte: affection is the mortal illness of lonely people.

Warst Du je seekrank, ich meine, todkrank vor Seekrankheit? Okay, dann hast Du halbwegs eine Ahnung, wie mir zumute war, nur daß ich allein war an Bord (auf welchem Schiff?), nicht navigieren konnte (wo, bitte, waren der Kapitän, die Mannschaft und, noch verblüffender, die übrigen Gäste?), nirgendwo Festland sah (auf welchem Meer trieb ich dahin?) und der Himmel über mir nicht auf ein Nachlassen des Sturms hoffen ließ, was meine Lage aussichtslos machte.

Ich hätte nach Rom fahren sollen. Aber wir werden ja sehen.

W.

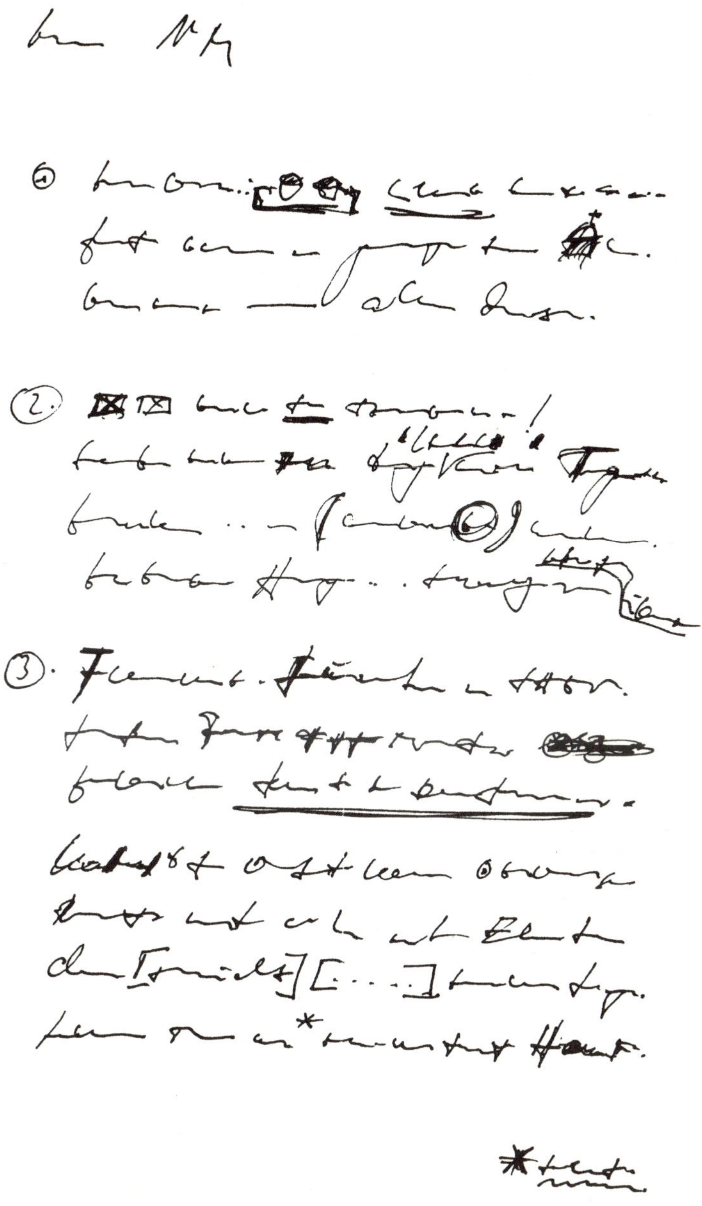

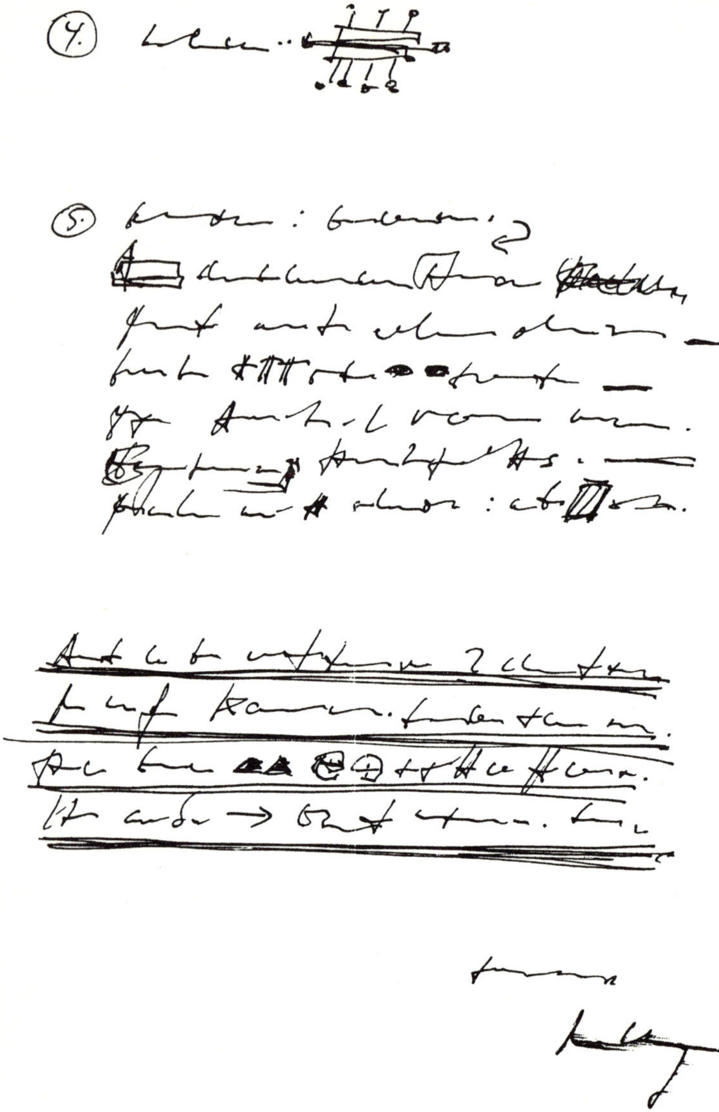
4.
5.

Danke für Deinen Brief, er hat gutgetan. Ich bin in allen Punkten Deiner Meinung, auch darin, daß Du mich liebst. Mehr noch, ich bin auch damit einverstanden, Dich nie mehr loswerden zu können.

Ich weiß zwar nicht, ob es zu den aufregendsten Dingen zwischen uns gehört, einander ohne Mißtrauen und ohne jede Einschränkung alles glauben zu wollen, was wir sagen, einander schreiben, denken oder nur einfach tun, aber ich beteuere hiermit, gar nie auch nur daran gedacht zu haben, Dich je loswerden zu wollen. Wie sollte ich? Nun gut, es gab Zeiten (und sie werden sich sicher wiederholen), da warst Du mir keineswegs unentbehrlich – keine Frau war das für mich jemals –, aber auch da habe ich mich nach Dir gesehnt. Ich kann mich an keine noch so gedankenlose Sekunde erinnern, in der diese Sehnsucht mich nicht an Dich erinnert hätte. Ich übertreibe nicht. Und doch, ich gestehe es, fühle ich mich auf eigene Kosten und ganz allein mit mir am wohlsten. Wie oft habe ich mich eingeschlossen! Ich war unerreichbar, auch für Dich. Ich schlug Deine Angebote zu gemeinsamen Unternehmungen aus, sei es eine kurze Reise, ein kleines Trinkgelage oder jene Art eines Kurzbesuchs, der genügte, um sich schnell zu lieben, schnell, direkt, anspruchslos, gierig. Ich kannte Dein Klingelzeichen, auch das in Notfällen, aber die Tür geöffnet habe ich nicht, nicht immer jedenfalls – um ehrlich zu sein, habe ich dabei sogar Vergnügen empfunden, und manchmal war der Spaß wohl größer als jener, auf den ich verzichtete.

Ich kann tun und lassen, was ich will. Das ist der Gegenwert, den ich zu bieten habe. Und deswegen liebst Du mich? Mit (fast) keiner anderen Frau habe ich diese Leichtigkeit genossen.

Andersherum, Liebste, bist Du damals, ohne daß es zwischen uns Streit gegeben hätte, plötzlich mit einem Gitarrenspieler durchgebrannt (oder war's sonst ein musikalischer Hochstapler?). Wir saßen in unserem Restaurant, als Dir die Tränen über das Gesicht liefen. Weil Dir das nicht gerade selten passiert, zum Beispiel wenn Du, ohne genau die Gründe zu kennen, glücklich bist, mit allem glücklich, mit Dir selbst, mit mir, mit der Wirkung des Weins, mit der Dunkelheit draußen und der Freude auf eine gemeinsame Nacht, glücklich bis über die eigene Haut hinaus mit allem, was Du gerade siehst, schmeckst, fühlst, nahm ich natürlich an, es gäbe nur unser Einverständnis miteinander – und nicht etwa eine bereits begonnene Affäre, Deine Angst, mich zu verlieren und die Ungewißheit eines möglicherweise saudummen Abenteuers. Was es zu sagen gab, hast Du gesagt. Ich habe zugehört. Seltsamerweise gefiel mir, was da passierte. Mir gefiel die Situation. Ich fühlte mich erstaunlicherweise sogar erleichtert. Die Situation hatte einen hohen Wert an Wahrheit, fand ich. Und gleichzeitig spürte ich, wie verwirrt Du warst über meine freundliche Gelassenheit, meine geradezu brüderliche Verständnisbereitschaft, wie Du aber nicht anders konntest, als ihr zu trauen. Geh! Geh zu ihm! Geh weg von ihm! Komm zurück, wenn Du willst. Das Risiko, daß ich dann eine andere liebe und Dich nicht mehr haben will, kennen wir beide.

Erinnerst Du Dich, wie Du meine Hand angefaßt und meine Augen nach Zeichen meiner Aufrichtigkeit abgesucht hast? Natürlich beunruhigt, in meinem Blick keine Spur von Eifersucht, von Traurigkeit oder Enttäuschung entdecken zu können! Ich habe keine Theorie, was die Lösung solcher Konflikte betrifft, aber immer habe ich die Unvernunft menschlicher Ekstasen mehr respektiert als die Würde des Verzichts. Im übrigen, Liebste, habe ich nie einer Frau (auch nicht der, die ich liebte) das Recht abgesprochen, zwei Männer (und beide zur gleichen Zeit!) haben zu wollen. Sie muß nur den Schmerz aushalten können, den dieser Konflikt auslöst.

Daß Du dann von dem Kerl, wer immer es war, schon nach einigen Wochen die Nase voll hattest, konnte niemand wissen. Gemeldet hast Du Dich jedenfalls ein halbes Jahr nicht bei mir. Ich habe es, wie Du weißt, von Dritten erfahren – und Dich dann aus Paris angerufen.

Es wäre eine Dummheit, Dich wegen irgendwelcher Affären aus den Augen verlieren zu wollen. Im Gegenteil! Nichts wäre mir lieber, als mit Dir meinen letzten irdischen Orgasmus zu feiern! Von Deiner Hand sterben, sozusagen! Zurückverwandelt noch einmal (zum letzten Mal!) in den unerfahrenen, kleinen Jungen, den Du Dir manchmal gewünscht hast, um an ihm Deine kalte Geilheit auszuprobieren. Eine Phantasie, die

Seligkeit eines vollkommen verwahrlosten Spiels, eine Verwandlung. Dein zum Zerspringen klopfendes Herz! Und dann doch nur, wenn Du die Augen wieder öffnest, die Hand zwischen den Beinen.

Offenbar ist uns beiden zwar klar, wie gut wir einander kennen, aber nicht, wie lange das schon andauert. Du warst immer glücklich. Mit mir – und ohne mich. Aber was ist das denn: Glück? Schrieb nicht irgendwer irgendwo einmal: Glück ist ein kleines, lebendiges, zahmes Wort, das alleine tanzt und weint. Etwas in Dir war immer allein, tanzte und weinte und harrte aus.

Du mußt mich genauer wahrgenommen haben, als wir auf der griechischen Insel zum ersten Mal zusammentrafen. Meine Erinnerungen sind nicht sehr intensiv, auch nicht was Dich betrifft. Ich erinnere mich an eine Familie – und mit Familien hatte ich nichts am Hut. Doch, ich habe Dich gesehen. Du schienst gut aufgehoben, auch mit Deiner Unruhe, von deren Ausmaß ich damals ja nichts ahnen konnte. Ich sah, ehrlich gesagt, vor allem Deine Beine. Na ja, Deine Pobacken vor allem. Die muß der Herrgott eigenhändig poliert haben. Deine Augen, nein, die muß ich damals übersehen haben, Gott sei Dank. Wie hätte ich mich noch erholen sollen?

Ansonsten war seliger Friede, nicht wahr? Es roch nach Zwiebeln, Knoblauch, nach Salzwasser und geschnittenen Tomaten und nach steiniger Erde, auf der es, unverständlich genug, da und dort sogar blühte. Es gab Schlangen, eine Zisterne, es brüllten Esel in der

Mittagshitze. Es gab Sonnenuntergänge und Wein. Deine Kinder haben nie irgendeinen Lärm gemacht, daran erinnere ich mich wie an ein Wunder. Ihr wart angenehme Leute. Etwas zum Beneiden für alle, die gleiche Pläne haben. Ich hatte keine, sondern eine Freundin dabei, eine russische Fotografin, die mir prophezeite, ich würde beim nächsten Meltemi ausrasten. Ich habe gelacht. Doch, doch, meinte sie, es wäre dann gefährlich für die Leidenschaft. Ich liebe Explosionen, konnte mir aber, was meinen Gemütszustand betraf, keine vorstellen. Bis dann der Meltemi kam. Er blies drei Tage lang. Die Stimmung veränderte sich. Der Wein schmeckte anders. Das Mißtrauen wuchs. Ich schlief schlecht und war über Kleinigkeiten verärgert. Und schließlich kam es zum Streit. Eine Ohrfeige kostete meine Geliebte das rechte Trommelfell. Dann ließ der Wind nach. Alles veränderte sich wieder zum Guten. Ich bin nicht gerade stolz auf die Methode, eine Geliebte zu bändigen, aber ich begreife Odysseus jetzt besser. Und dann reisten wir ab.

Zum Schluß, und sei es nur, um es endlich loszuwerden und Dich zu beruhigen, die Wahrheit über meine derzeitige Situation; vielleicht verstehst Du dann auch meine Weigerung, Dich hier haben zu wollen.

Ich war nach einem Zusammenbruch, an dessen Einzelheiten ich mich kaum noch richtig erinnern kann, im hiesigen Virginia-Reiter-Hospital gelandet. Ich hatte zuerst nicht die geringste Ahnung, wohin ich da geraten war. Ich kannte ja nicht einmal die Gegend, und noch weniger die Gründe, die mich veranlaßt haben könnten, mich nachts dort herumzutreiben, auch noch mutterseelenallein. Gut möglich, daß ich es mit der Angst zu tun bekommen hatte, weil ich hinter mir Schritte und einen Pfiff hörte (oder zu hören glaubte), mich also verfolgt und bedroht fühlte – gegen Typen in Turnschuhen, auf Geld, Gold und Stoff scharf, hätte ich bei meinem Schuhwerk keine Chance gehabt, nicht bei den abgelatschten Texasstiefeln, die ich trug; außerdem fehlte dem rechten Stiefel ein Teil des Absatzes –, und daß ich deshalb so zielstrebig auf das einzige, aber hell erleuchtete Gebäude zugesteuert bin, das ich in der Eile überhaupt noch wahrnahm. Es hätte eine Brauerei, ein Lagerhaus oder irgendein Hotel sein können, um mich vor einer tatsächlichen oder eingebildeten Gefahr in Sicherheit zu bringen. Aber nein, es war, wie sich dann herausstellte, gleich die richtige Adresse. Der Zufall wollte es so. Etwas Besseres hätte mir nicht passieren können. Ich war endlich in Sicherheit, das fühlte ich trotz meines inzwischen restlos fragwürdigen Geisteszustands – vorausgesetzt, irgendwer setzte mich nicht gleich wieder auf die Straße. Als sich meine Augen an die glatte Helligkeit der Neonbeleuchtung gewöhnt hatten, sah ich mich in einem hohen, rahmenlosen Spiegel stehen und versuchte, mein Spiegelbild durch anhaltendes Brüllen zum Verschwinden zu bringen. Das ganze Gebäude schien zu vibrieren. Und dann legte ich los. Der Grund? Was weiß ich, aber meine Lage war zuletzt gespenstisch. Ich bin, nehme ich an, still und leise (man könnte aber genausogut sagen: laut und lärmend, denn überall, wo ich mich zuletzt aufhielt, war es alles andere als still und leise) einfach allmählich immer mehr verwahrlost, immer mehr übergeschnappt. Ich war, vermute ich, kurz davor, Amok zu laufen. Ich hatte nie gekannte Ängste. Ich hatte Weinkrämpfe, unkontrollierte Ausbrüche von Aggression, Anfälle von Schwermut, irgendwer in mir schrie um Hilfe, ein anderer (auch einer in mir) machte Witze über die Welt, ein dritter wollte eine Frau haben, wobei noch ein anderer, der auch ich war, nicht einmal das mehr wollte, im Gegenteil, er haßte das Geschwätz, das Verführungen vorausgeht. Ich redete mit mir selber, vollgepumpt mit Selbstekel, und wußte gleichzeitig nie, was ich tat, wer ich war, was ich wollte, und ignorierte, daß ich etwas unternehmen mußte, und zwar schnell. Daß ich kaum noch schlief, machte nichts besser. Ich mußte, mein Gott, ich mußte, auf welche Weise auch immer, zur Ruhe kommen. Ich suchte ein Abstellgleis auf diesem gigantischen Verladebahnhof. Ich brauchte Hilfe, lehnte aber jede Suche danach ab. Ich sehnte mich nach einem Wunder, nach einem Hindämmern in größter Abgeschiedenheit. Ich hatte tatsächlich Angst, nie wieder zu irgendeiner Form von Besinnung zu kommen. Ich wollte, daß sich hinter mir eine Tür schließt und ich, in Obhut Unbekannter, mit mir allein wäre.

Ich hätte mich nur einfach für einige Wochen nach Vermont zurückziehen können. Hätte ich? Hast Du eine Ahnung! Die Idee, Spaziergänge durch aufmerksam sanfte Winde und den Gesang vieler Vögel zu unternehmen, hatte etwas noch Abschreckenderes als die Aussicht, eingeschlossen zu sein. Und hier in meinem Zimmer, noch dazu in einem von außen verriegelten, ist die Stille vollkommen, sie ist absolut.

Leicht war es nicht, die Ärzte zu überzeugen, mich hier länger als ein paar Tage aufzunehmen. Aber mein Auftritt war sehenswert: ich erbrach mich (nach vielen, ich weiß wirklich nicht, wie vielen, Nächten, die ich immerzu nur unterwegs war) vor der Pförtnerloge, gab als meinen Namen Theodore Slutz an (eines der Alter egos von Glenn Gould, dessen Biographie ich mit mir rumschleppte!), machte einem, der gerade den Flur aufwischte, einen Heiratsantrag, fragte den erstbesten Angestellten, der auf mich reagierte, ob er mir den Weg zum Dach zeigen könne, da ich vorhätte, von dort aus ins All abzuheben, ließ mich, als er zupacken wollte, mit ihm auf eine Schlägerei ein und wer weiß, wie die ausgegangen wäre, hätte ich es nicht sehr bald mit vier anderen Wärtern zu tun gehabt, die mir schließlich, während ich fortwährend laut sang, mit vereinten Kräften eine Zwangsjacke verpaßten, ein mottenzerfressenes Museumsstück, das längst ausgedient hatte, seit die Sedierung durch entsprechende Medikamente modern wurde.

Gott sei Dank, denn ich wußte längst nicht mehr, was ich tat. Alles war denkbar, von einer Amphetamin-Psychose, die mit einer Entgiftungskur zu beheben wäre, bis zu einer ausgewachsenen Zyklothymie, wobei sie freundlicherweise eine noch nicht abgeheilte syphilitische Erkrankung als Ursache ausschlossen, wie ein Bluttest ergab. Selbst mit Zungenbrechern haben sie mich traktiert (schleimige Schellfischflosse!). Sie ließen mich Parallelogramm-Formen mit Farben ausfüllen. Bringen Sie drei Punkte in einem Quadrat unter! Wonach suchen die, dachte ich. Haben sie Anhaltspunkte, daß ich sie mit paranoiden Behauptungen eindecken könnte von der Art »Aber darüber besteht nun gar kein Zweifel, daß die ganze Stadt unter Gas steht«? Noch ein Nelson-Test. Und gleich noch den sog. Rhomberg-Wexlerschen Test hinterher. Ein Assoziationsspiel mit Wörtern, vor denen man sich fürchtet, etwa Grube, Sterben, Dunkelheit. Wenn ich ihnen wirklich aufgetischt hätte, was mir dabei durch den Kopf ging! Schwangerschaft (aus dem Mund eines Mädchens, mit dem ich nie was wirklich Richtiges gehabt hatte), Gemütlichkeit (vor allem aus dem Mund der sonntags anrückenden Verwandtschaft, die immer darauf bestand, daß auch ich mit am Tisch saß), Zukunft (mit den Fäusten meines Vaters auf den Küchentisch gehämmert, mich und meine Lebensgewohnheiten, die er ablehnte, betreffend), von einem Wort wie ›Haarausfall‹ ganz zu schweigen, das an Fürchterlichkeit nur noch durch das Wort ›Glatze‹ übertroffen wird.

Eingepfercht in die knapp verzurrte Zwangsjacke, unfähig zu gehen und deshalb von den Männern wie ein Holzbalken getragen, ging es mir plötzlich viel besser. Ich war meines eigenen Willens beraubt. Ich war in völliger Unfreiheit. Gefangen, wie ich war, hatte ich, was ich offenbar wollte. Ich war wehrlos. Ich war dankbar und erst einmal zufrieden. Wie wohl mir war!

Und noch immer ist, Liebste! Mach Dir keine Sorgen. Es gibt keinerlei vernünftigen Grund. Und schreibe mir an die alte Adresse wie gehabt. Gobbo, mein Freund, bringt mir die Post. Bleibe am Leben, wo auch immer, Liebste. Das Nadelöhr, durch das ich hindurch muß, hat unendliche Ausmaße.

W.

Virginia-Reiter-Hospital, NYC

Was ist los? Auch gestern wieder kam Gobbo ohne Nachricht von Dir. Ich befürchte das Schlimmste: Du auf dem Weg über den großen Teich, vielleicht längst eingetroffen, längst im Taxi hierher. Vielleicht hat das Tuten des Fährschiffs, das von Staten Island hereinkommt, mich abgelenkt und ich habe die Schritte draußen überhört. Ich tue trotzdem weiter so, als seist zumindest Du vernünftig und weit weg in Europa geblieben. Und das hier, was ich Dir erzähle, erreicht und beruhigt Dich.

Ich schlafe viel, hier drin besonders viel. Es geht alles besser, sobald ich eingeschlafen bin. Ich habe ja, wie Du weißt, immer schon viel und gern geschlafen.

Schlaf, sagen die Dichter, sei der Bruder des Todes. Na und? Schön gesagt, aber sie übertreiben (ich kenne die Burschen schließlich!); sei's dem Wohlklang ihrer Worte zuliebe oder der Wahrheit, zumindest der Wirkung von Wahrheit. Aber nichts da, ich lege mich, sooft es eben geht, flach; schließe die Augen und schlafe. Ohne jedes Mittelchen! Ich bin, sobald ich eingeschlafen bin, zufrieden. Ich bin dann (endlich!) die Ruhe selbst. Wer mich kennt, wird das, auch in diesem Zustand, für unwahrscheinlich halten. Aber es ist so.

Ich bin, vermute ich, im Schlaf auch ein besserer Mensch. Natürlich, wie es sich gehört, bin ich weiterhin unvollkommen (ich rede zuviel, auch im Traum!), aber Gedanken quälen mich nicht dabei. Meine Träume sind ausnahmslos angenehm. Ich genieße, wenn ich schlafe, die Absurditäten der Gleichzeitigkeit, die der Jahrzehnte, der Jahrhunderte sogar. Geld spielt beim Träumen nie eine Rolle. Und die Frauen, auch die, die sich abwenden, kehren wieder. Ich treffe welche, die ich nie zuvor gesehen habe, was mich amüsiert. Offenbar reichen dem Schlafenden nicht die, die er kennt. Aber auch mit allen, die ich kenne, auch mit denen, die ich unglücklich geliebt habe, gibt es Überraschungen. Sie sind kaum wiederzuerkennen, sie sind auf rätselhafte Weise (Rätsel erklären sich in Träumen angenehmerweise immer von selbst) alle großartig, großzügig, großherzig. Und alle überragen mich an Körpergröße.

Es ist, als würden auch sie es genießen, daß ich schlafe. Ich sollte, denke ich zuweilen nach dem Erwachen, mit allen Menschen nur noch im Zustand der Schwerelosigkeit verkehren, mit geschlossenen, nach innen Ausschau haltenden Augen. Im Schlaf wäre, wenn man nie mehr erwachte, das ewige Leben – geträumt unter dem Baldachin Deiner schützenden Hände.

Auch das ist angenehm, sobald ich eingeschlafen bin: mir ist nichts mehr peinlich. Gestern, auf der Suche nach Dir, bin ich in Wien im Fiaker gefahren. Keine fünf Pferde könnten mich veranlassen, so etwas tatsächlich zu tun. Ich saß auch noch nie in einer Gondel. Aber wie habe ich den Anblick von Gondeln immer geliebt, besonders außerhalb der Saison, wenn sie festgezurrt sind, dunkle, tanzende Wasservögel. Immer versuchte ich, mich zu überwinden und einzusteigen.

Die Männer, die sie bewegen, sind Meister, die ich bewundere. Aber nein, es war mir nur peinlich, weiter nichts. Schon der Wunsch einzusteigen war mir peinlich. Sprach ein Gondoliere mich an, bekam ich Herzklopfen. Aber schlafend? Da gehöre ich ganz dem Jahrhundert ihrer Erfindung. Gar nichts ist mir mehr peinlich. Und auch was die mir kaum oder gar nicht bekannten Frauen betrifft, die ich treffe, so kann mir im Traum wenig passieren. Der einzige Schaden, den ich anrichte, ist doch, daß ich wach werde.

Draußen singen die Amseln. Die singen schon, denke ich dann. Und singe ein wenig in Gedanken mit ihnen.

Noch ein Trost, den der Schlaf schenkt. Man steht so gut wie nie vor dem blanken Nichts. Sinnlosigkeit existiert nicht! Ich schlafe also am besten gleich lieber noch ein Stündchen.

Du hast mich nach Deiner Anwesenheit in meinen Träumen gefragt. Was willst Du wissen, die Wahrheit? Tut mir leid, aber Du bist wie immer: leicht rumzukriegen, kenntnisreich und heilfroh, weder boshaft noch besonders unschuldig sein zu müssen. Ich muß nur in der Tür zu Deinem Zimmer erscheinen, schon schließt Du die Augen, streckst mir die Hand entgegen und sagst (in einem Ton, der Dein unbefangenes, immer noch frisches Interesse an jeder Art von sexueller Intimität wunderbar zu intonieren versteht): komm, komm her. Das Zimmer ist nicht immer dasselbe, aber erstaunlicherweise selten europäischen Ursprungs; irgendwie scheint es aus Rechtecken zusammengesetzt, die sich langsam ausdehnen – und so nie das Gefühl aufkommen lassen, die Wände seien aus Stein. Gleichsam in der Luft befindet sich ein altmodisches, mit Spiegelglas versehenes Arzneischränkchen, gegenüber ein Stilleben mit Trauben, die wie poliert aussehen, wie kleine, von innen beleuchtete Kugeln. Einige Gegenstände scheinen andeuten zu wollen, daß hier die Geburt einer Herzogin stattgefunden hat. Ein Tisch ist natürlich auch da. Und ein Bett, auf dem ich Dich jetzt liegen sehe, nebelhaft nackt ausgestreckt mit geschlossenen Augen. Laß mich, sagst Du, nur einen Moment an Dir riechen. Mach die Augen zu! (Mach ich!) Laß mich Dich anfassen. (Ich bin auch leicht rumzukriegen und ergebe mich den Einfällen, die Du hast!) Laß mich, sagst Du, nur ein bißchen Deine Hose aufmachen. (Kompliment, Kelly, mit Reißverschlüssen hast Du auch im Traum keine Probleme.) Ich mach es Dir, sagst Du. Ich mach es Dir, wie Du es gern hast, hörst Du? (Ich höre!) Gut so, stimmt's? (Stimmt! Was Finger alles wissen!) Und wie Du redest – und was. Ich bin eine Sau, ja, ich bin eine, ich bin immerzu eine, ich bin die allerschmutzigste Sau, die es Dir je gemacht hat. (Was Obszönitäten anrichten, ist mir bis heute unheimlich!) Dann kannst Du notgedrungen im Moment nicht weiterreden. (Verstehe! Das geht nicht mal im Traum.) Aber nein, schreibst Du dann zum Schluß, schreib mir nichts, weil ich mich sonst zu sehr schäme. Schlaf lieber noch ein Stündchen, zusammengerollt wie eine Katze, deren Fell ich streichle.

Wird Dir die Post (›Poste restante‹), solltest Du aus

Wien bereits abgereist sein, nachgesendet? Was treibt Dich wohin? Treibt Dich die Langeweile weiter, die Unruhe, die Verzweiflung? Ist es Flucht oder der Luxus, keine Wahl treffen zu müssen?

Selbsterkenntnis, an welchem Ort der Erde auch immer, kann eine Ernüchterung hervorrufen, die auf Dauer unerträglich ist. Schön und gut, Wunden aufzureißen, um am Ende die Anzahl der Narben zählen zu können (eine Wiener Spezialität!), aber was, wenn man von dem, den man nach der Analyse kennengelernt hat, nicht sehr angetan ist? Man möchte weiterhin ein ganz Anderer sein! Ein unerreichbar Anderer! In der Zwischenzeit erzählt der Spezialist aus der Berggasse Witze. Einer geht, glaube ich, so: kleine Jungs spielen Ball, weil sie das an die Brust der Mutter, kleine Mädchen, weil sie das an die Eier des Vaters erinnert.

Man hat hier im Hosp. beschlossen, mich im Moment nicht weiter zu behelligen. Ich kann – innerhalb des täglichen Regelwerks – tun und lassen, was mir behagt. Ich gelte nicht mehr als selbstmordgefährdet, unterlasse auch die kleinen hysterischen Anfälle, mit denen ich mir hier anfangs mein Wohnrecht sichern zu müssen glaubte. Die Medikamente kann ich ohne Beaufsichtigung zu mir nehmen, was den Vorteil hat, sie einfach sonstwie verschwinden zu lassen. Trotzdem bin ich Gegenstand der täglichen Konferenz, der Chefvisite würdig, man beobachtet mich immer mit der Tendenz, Kontakt mit mir aufzunehmen. Mich interessieren ihre Explorationen, ich ziehe es aber vor, erst einmal zu schweigen.

Ich weiß nicht, was sie weiter mit mir vorhaben, schon gar nicht, was Dr. Mitchell, die stellvertretende Stationsärztin, die immer Nägel kaut, vorhat. Oft bekomme ich sie nicht zu Gesicht, aber die wenigen Male jagen mir jedesmal einen Schreck ein. Ich mache täglich einen ausführlichen Spazierang im Hof, unterhalte mich entweder mit Hemingway, den ich immer noch sehr amüsant finde, vor allem neuerdings, da er nur noch spanisch redet, eine Sprache, wie Du weißt, die ich nicht beherrsche, oder mit einem durchgeknallten Geigenvirtuosen, wenigstens behauptet er, einer zu sein, der mir von seiner Karriere als Wunderkind erzählt, von seinem immer stärker ihn behindernden Lampenfieber, von den Jahren, die er Betablocker geschluckt hat, von seinem Abstieg als Geiger eines Orchesters, von seinem Genie, das sich nur entfalten konnte, wenn er zu Hause geigte, von den CD-Einspielungen, die er machte, wobei er immer wieder andere Geschichten einflocht, Geschichten von Virtuosen, die allesamt vor Lampenfieber krepiert sind, die gefressen, gesoffen haben, die mit schweißnassen Händen gespielt haben (es fielen Namen, meine Liebe, daß man staunt!). Einer soll sogar Konzerte in einem Käfig gegeben haben, aus Angst vor dem Publikum. Für gute Unterhaltung ist bei Spaziergängen gesorgt.

Was das menschliche Gehirn, denke ich mir dabei, zutage fördert, wenn man die Individualität eines Menschen daran mißt, wie viele Funktionsfehler in der chemischen Substanz auftreten können. Es genügt ja schon, sich nur mal die Füße zu waschen, um auf andere Gedanken zu kommen. Und ab Mitternacht nur noch Espressos zu trinken. Und die dritte Packung zu köpfen. Und mit einigen Wodkas nachzusetzen. Wieviel mehr verursacht die Einnahme von, sagen wir, Reserpin, Clonidin oder Captopril! Zentrale Veränderungen im Blut, in den Zellen, im Gehirn.

Im übrigen, in wessen Interesse ist es denn, Fehler überhaupt zu korrigieren? Sind es denn Fehler? Ich jedenfalls rede lieber mit Hemingway als mit einem, der vom Glück, den Verstand verloren zu haben, verschont geblieben ist.

Jetzt beginnt hier der Sommer. Es muß schön sein unter freiem Himmel. Aber die Mauern, die mich einschließen, bewahren mich vor der Außenwelt. Vor ihr jedenfalls bin ich sicher.

Es kommt weder mir noch wahrscheinlich irgendeiner anderen Person, weder hier drin noch draußen, darauf an, ob es mich auf der Welt noch gibt. Die Insassen hier haben mich vergessen, sobald sie sich umgedreht haben und weitergegangen sind. Und draußen ist es wohl, als sei ich tot. Ich habe dabei weiter gar nichts getan, als meine Verfügbarkeit in der Welt unterbrochen. Hier dagegen muß ich nur einem einzigen Anspruch genügen: zum Scheißen die Toilette aufzusuchen. Womit ich sagen will: Sie haben keine Lust auf Leute, die unnötig verrückt spielen, kommen aber mit jedem, der ein Verrückter ist, sehr gut klar.

Der Verdacht, ich sei ein Simulant, hat sich gelegt – immer mehr übrigens auch bei mir. Man muß verrückt sein, um sich so wohl fühlen zu können – und das auch noch unter den hier herrschenden Bedingungen! Ich bitte den Mann, der abends die Gänge beaufsichtigt, mich einzuschließen; was er anstandslos tut. Nie habe ich, noch dazu bei einfachen Gemütern, so viel Nachsicht erlebt wie hier. Der gleiche Mann, denke ich, würde draußen gewalttätig reagieren auf einen wie mich. Erst gestern habe ich einen der Bäume im Hof unten umarmt, habe mich an ihn geschmiegt und wäre so fast eingeschlafen. Glaub mir, mit jeder Stunde war ich ein Jahr älter. Und schließlich war mir, als habe ich das mir vom Schicksal bestimmte Datum meines Todes längst hinter mir. Stell Dir vor, ich hätte genau das im Central Park, also jenseits dieser mich schützenden Mauern getan! Wer würde sich nach meiner Festnahme alles Sorgen machen um mich. Oder mich ohne jedes Mitleid belächeln. Ich wäre für jede Verhöhnung der richtige Gegenstand. Vor allem, ich müßte nach Erklärungen für mein Tun suchen, die man mir sicher abverlangen würde. Aber was sagen, was erklären?

Nimm den Betablocker-Virtuosen. Er will nie mehr eine Geige sehen, auch nicht zufällig. Weil er davor Angst hat, und sei's nur vor dem Anblick einer kleinen Japanerin, die zum Beispiel am Union Square, in der Subway irgendwo oder in einem Aufzug steht mit einem Geigenkasten, fühlt er sich natürlich hier, wo es nicht einmal Radio gibt, also auch keine Geigenkonzerte zum Hören, sicher. Hemingway mag es, wie ich denke, ähnlich gehen. Er hat sich entzogen: dem Lesen, dem Schreiben, den Reisen, den Ehefrauen, vor allem wohl aber dem quälenden Gefühl, mit allen Lebenden und Toten (mit den Fäusten, dem Gewehr, der Prosa) konkurrieren zu müssen. Nicht er, sein dummer Doppelgänger hat sich die Kugel gegeben, und das trotz Nobelpreis, dessen Summe er ihm noch immer schuldet.

Mir geht es wie meinen Freunden hier. Ich bin der Zertrümmerung durch jede Art von Ehrgeiz entgangen. Heute bin ich sogar höflich zu mir. Immer häufiger in den letzten Jahren wollte jeder meiner zehn Zehen, sobald ich vom Bett oder einem Stuhl aufstand, in eine andere Richtung gehen. Wie ich bezaubert sein konnte von meinen Zweifeln! In Bewegung hielten mich die Schwungräder meiner Launen. Ein Zappeln jenseits der Reichweite einer Hand, die mich hätte beruhigen, besänftigen können. Ich war – und bin es natürlich weitgehend noch immer – völlig außerstande, mich mir selber anvertrauen zu können. Ich redete mit mir wie mit einem Feind. Ich hatte nie viele Freunde, wie Du weißt. Es ist, wie es ist. Aber einer der Gründe dafür mag sein, daß ich lieber in mir nach einem suchte, der mir gewogen war. Schizophrene Gemütsunstetigkeit, wie das auf Formularen heißt. Nervöse Unbeständigkeit. Nun ja, Depressionen.

Was mich von der Welt draußen trennt, das bin ich. Was ich wahrnehme noch, sind Geräusche. Es genügt, die Hände zu falten. Ich bin dann, ohne mich verstellen zu müssen, schweigsam. Alle Wonnen der Gleichgültigkeit verdanke ich heute nicht mehr, wie früher, dem Alkohol, sondern dem Stillstand der Existenz. Es passiert nichts mehr, was mich an früher erinnert. Ich hoffe, es geht weiter gut voran bis zum völligen Ausharren, einem Ausharren vorerst, aber immerhin. Ich muß Dir nicht sagen, wie sehr ich die Ärzte bedaure, die uns helfen wollen. Und manch einen habe ich im Verdacht, insgeheim uns zu beneiden.

W.

[illegible]

[illegible]

[illegible]
[illegible]
[illegible]
[illegible]
[illegible]
[illegible]
[illegible]

[illegible]
[illegible]

[illegible]
[illegible]
[illegible]

[illegible]

Virginia-Reiter-Hospital, NYC

Meine Liebe,
daß mein letzter Brief keine Anrede hatte, geschah absichtslos und hat nichts damit zu tun, daß ich gedenke, unsere Korrespondenz allmählich einschlafen zu lassen. Ganz im Gegenteil warte ich auf jede Post von Dir – und es gibt genug Stunden, in denen ich Dich ganz besonders vermisse. Es verklärt sich das Bild, wenn das überhaupt noch möglich ist. Ich singe unser Klingelzeichen. Ich öffne. Die Tür, das Hemd, die Hose, den Rock. Es öffnen sich Himmel. Die Schlange öffnet ihr Maul und pinselt ihr Gift in die Luft zwischen uns. Unsere Zungen machen es genauso. Es hat immer Spaß gemacht, Dir beim Schwinden meiner Sinne in die Augen zu schauen – diese Augen, Geschenk eines gutgelaunten Gottes.

Siehst Du, wie ich Dich vermisse?

Du hattest immer Klasse. Und hast sie heute noch. So etwas behält man ein ganzes Leben. Du hattest, selbst als wir uns lange genug schon kannten, immer noch die Güte, bereits fortgegangen zu sein, bevor ich aufwachte. Ich schätze diese Eigenschaften an Frauen, besonders an jenen, mit denen man gerne auch gemeinsam erwacht. Ein Vorzug, den Du nicht mit vielen, die ich kannte, teilen mußt. Du siehst, ich bin drauf und dran, Dir einen Liebesbrief zu schreiben. Deshalb etwas anderes. Ein Vorfall, von dem ich Dir berichten muß.

Einer Deiner Briefe brachte mich in Schwierigkeiten.

Du wirst nun wahrscheinlich sagen, jeder Deiner Briefe scheint mich in Schwierigkeiten zu bringen, weil ich händeringend versuche, Dich von einem Besuch in NYC abzuhalten. Das auch, stimmt. Aber trotzdem meine ich das ganz konkret. Dein letzter Brief wurde gelesen. Man glaubt, der Verfasser des Briefes sei ich. Das heißt: man nimmt an, ich korrespondiere mit mir selbst. Das ist etwas Neues, was die Beurteilung meines Geisteszustandes betrifft. Man folgerte, ich könne keineswegs mit einer baldigen Entlassung aus der Anstalt rechnen. Eigentlich genau, was mir lieb ist. Ich will ja nicht raus. Deshalb kläre ich nichts auf. Anderntags bat mich der Chefarzt (er drehte seine Runde mit dem ganzen Pulk seiner Ärzte, die er aber, bis auf einen gewissen Dr. Jurij Novikov-Kazarinov, den er mir als »Kenner Puschkins und Nabokovs« vorstellte, und Madame Mitchell, alle draußen vor der Tür stehen und warten ließ), etwas von dem Geschriebenen vorzulesen. Tat ich! Ganz offenbar noch der alte, wählte ich ein paar eindeutig obszöne Zeilen. Das hatte den Vorteil, daß es die Prozedur abkürzte. Ich reichte den versammelten Herrschaften das Blatt, zuerst natürlich, mit einer Verbeugung wie Tasso einst am Hofe zu Ferrara, meiner Freundin Dr. Mitchell, die aber ihre Hände nicht aus den Manteltaschen nahm. Sie steckten die Köpfe zusammen, suchten nach jenen Zeilen, die ich vorgelesen hatte, und gaben danach übereinstimmend vor, meine (Deine) Schrift nicht entziffern zu können.

Du siehst, in welch heikler Lage ich mich befinde, und das nicht etwa, weil ich übergeschnappt bin, wie wohl die Mehrzahl der Ärzte glaubt, sondern weil sie alles Unverständliche als Resultat einer Krankheit ansehen. In meinem Fall schreibt nicht nur einer mit einer Klaue, die zu entziffern unmöglich scheint, sondern antwortet auch noch, und zwar sich selbst, von der Vermutung mal ganz abgesehen, daß er sich für beide hält, den Mann und die Frau, die da miteinander korrespondieren.

Ich verdanke also Deiner Liebe zu mir einerseits eine ganze Menge Ärger, noch ehe Du überhaupt hier eingetroffen bist. Zugleich allerdings ist meine Aufenthaltsgenehmigung hier erst einmal für einige Zeit gesichert. Ich bin und bleibe eingeschlossen. Dafür danke.

Meine Wohnung habe ich Gobbo, meinem Kumpel, überlassen (ja, 16. Straße), und bin beruhigt, wenn er die Miete bezahlt.

Um eines muß ich Dich noch einmal bitten: daß Du mir glaubst, wenn ich Dir versichere, daß ich mich – gerade wegen der fast totalen Einschränkung meiner Bewegungsfreiheit – wohlauf fühle. Ich treffe jede Menge interessanter Menschen hier, die meisten hielt ich für längst gestorben. Aber da sind sie! Hemingway versichert mir, niemals zu einem Selbstmord fähig zu sein und beschimpft den Hochstapler gleichen Namens, nur ein kümmerlicher Angeber gewesen zu sein, noch dazu einer, der die Bücher, für die er berühmt wurde, nicht selbst geschrieben habe. Natürlich nicht! Wie auch! Die habe schließlich er, Hemingway selbst, geschrieben. So wie er da vor mir stand, mußte ich ihm recht geben. Plötzlich trat er noch näher zu mir. Obwohl er, was er sagte, kaum hörbar flüsterte, verstand ich ihn. Meine Bücher, sagte er, habe nicht einmal ich selbst geschrieben. Daß er sich widersprach, schien die Wahrheit dessen, was er sagte, zu bestätigen. Wie auch immer: eine in jeder Hinsicht hochinteressante Erkenntnis. Zumal für einen, der selbst mal welche geschrieben hat.

Wie gerne ich mich an Wien erinnere! Und wie ich Dich beneide! Wien im Mai. Und ich sitze in meinem froschgrünen Zimmer. Ich hatte ohnehin vorgehabt, Dir ein wenig von Europa vorzuschwärmen – von der alten Kaiserstadt! In jedem Champagnerglas wird musiziert. Ein Selbstmord dort ist die selbstverständlichste Sache der Welt, da blickt keiner von der Zeitung auf. Jede Standlfrau hat die Statur einer Sopranistin. Überhaupt die erstaunliche Zähigkeit dieser Österreicher, gesalbt durch Blutströme aus aller Herren Länder, vor allem der Länder des Ostens. Wie sie es hinkriegen, daß es sie überhaupt noch gibt heutzutage? Ein großes Reich einst, dem am Ende die Erfindung der Onanie übrigblieb! Findest Du nicht auch, daß in dieser Stadt an jeder Straßenecke das Jenseits beginnt? Man möchte noch einmal Karussell fahren, bevor einem der Sensenmann, jener feine Herr, endgültig seine Visitenkarte in die Hand drückt.

Das ganze Wien ist ein einziges Monument meiner Melancholie. Ich habe mich dort immer zu Hause gefühlt und bedaure, jetzt nicht mit Dir flanieren zu können, eine meiner Hände immer an einer Deiner Pobacken. Wie ich jeden Mann, der Dir nachschaut, beneide! Und erst recht beneide ich jene, die Dir (mit Deiner Zustimmung!) nicht widerstehen können.

Ich traf einmal in Wien, im Café Weimar wohl, wo ich eine Zeitlang Stammgast gewesen war, einen jungen Mann, der gut genug aussah, um sich verkaufen zu können, der aber Schriftsteller werden wollte. Meinem Erstaunen begegnete er mit einer kleinen, aber, wie ich finde, ganz außergewöhnlichen Geschichte (auch die wollte ich immer mal schreiben!). Er sei, erzählte er mir, in einem immer dunklen Zimmer in einem Hinterhaus draußen in Ottakring aufgewachsen. Den Vater habe er nie kennengelernt, wobei auch unklar geblieben sei, wer denn sein Vater hätte sein können. Die Mutter habe, wenn es denn sein mußte, immer die gleiche falsche Geschichte aufgetischt, wonach der Vater erst im allerletzten Monat des Krieges erschossen worden sei (was sie ihm bis zum Tag ihres eigenen Todes vor zwei Jahren immer übelgenommen habe). Genau drei Monate, nachdem sie Witwe geworden war, sei er zur Welt gekommen. Das aber war, wenn sein Alter stimmte, schon rein rechnerisch unmöglich. Es sei aber erstaunlich gewesen, daß sie einfach gute zehn Jahre, die er jünger war, im Dunkel einer Behauptung unterschlagen konnte, ohne daß sich jemand, auch keiner aus ihrer Verwandtschaft, je getraut hätte, sie auf den offensichtlichen Irrtum ihrer Zeitrechnung aufmerksam zu machen. Sie war, und jeder wußte das, eine temperamentvolle Frau, ausgestattet überdies mit einer Körperfülle, die nicht nur keinen Widerspruch duldete, sondern eine solche Ladung Optimismus ausstrahlte, der alle einzuschüchtern verstand. Sie war, auch wenn niemand gern bereit war, das anzuerkennen, eine Persönlichkeit. Nicht jedermanns Sache war ihre Neigung zu Allüren. Heute noch könne er kaum glauben, daß sie überhaupt in das winzige Zimmer gepaßt habe, das sie sich teilten. Trotz aller Sorgen, die sie wohl bedrücken mußten, habe er nie Klagen gehört, auch nicht darüber, daß sie für einen lächerlich niedrigen Lohn die Zimmer eines einigermaßen anrüchigen Hotels zu putzen hatte. Daß er sich die meiste Zeit über weitgehend selbst überlassen blieb, habe er freilich keineswegs ausgenützt, wie es jedes andere Kind seines Alters getan hätte. Nie spielte er mit anderen. Ungern auch ging er überhaupt aus dem Haus. Auch mit sich selbst, wenn er allein am Tisch saß, habe er nichts anzufangen gewußt. Was er tat? Nichts! An rein nichts hatte er Interesse. Das allerdings änderte sich schlagartig, als die Mutter eines Tages einen Schwung Bücher nach Hause brachte und sie wortlos auf dem Bord über der Kochnische übereinander stapelte, neben Mehl, Waschpulver und dem Glas mit den eingelegten Gurken. Was das sei, habe er gefragt. »Bücher«, konstatierte die Mutter, »Leute haben die in den Zimmern liegengelassen!« Fast schon habe er sich, wie er sagte, damit abgefunden, sich auch die nächsten Jahre, sich ein ganzes Leben lang langweilen zu müssen, als plötzlich die Tatsache, daß da oben auf dem Regal Bücher lagen, ihn wie kaum etwas je zuvor beunruhigte. Die Gründe, warum das so war, konnten ihm damals nicht klar sein.

Da der Stapel für ein Kind seiner Größe außer Reichweite war, verzichtete sie auf die Ermahnung, die Finger davon zu lassen. Außerdem hätte er sie ohnehin nicht lesen können. Nein, habe er gedacht, lesen könne er sie nicht, aber von einem Stuhl aus auf den Kochherd klettern, das war machbar. Er habe die Bücher heruntergenommen und angeschaut, wobei ihm beim Durchblättern der gedruckten Seiten (es habe ihm gefallen, daß es keine Bilder gab) eine Idee gekommen sei, die er auch umgehend in die Tat umgesetzt habe. Er sei, eines der Bücher unter seinem Hemdchen, sofort in die Schusterwerkstatt seines Großvaters gerannt, habe es ihm in die Hände gelegt und ihn angebettelt, er möge ihm aus dem Buch vorlesen. Aus Anhänglichkeit an eine alte Gewohnheit band sich der alte Mann, der längst keine Kunden mehr hatte, noch immer jeden Tag die Schusterschürze um, schloß die Werkstatt auf und verbrachte dort die Zeit bis zum Geschäftsschluß. Was er tat, interessierte niemand. Es interessierte auch niemand, daß plötzlich, wie aus heiterem Himmel, jeden Nachmittag sein Enkel erschien. Und was die beiden miteinander hatten, war auch uninteressant. Was immer in dem Buch (in jedem, das er nach und nach anschleppte) auch für Geschichten stehen mochten, der Großvater würde, wie er angenommen habe, ohnehin nicht hören können, was er las, denn er war fast vollständig taub. Und das war auch gut so, denn keine der Geschichten war für die Ohren eines Kindes bestimmt, das jedenfalls habe er auf Anhieb vermutet. Um so größer sei das Vibrieren in seinem Kopf gewesen. Ein Duell fand statt. Immer waren alle auf Reisen. Liebesbriefe wurden gewechselt (und nicht alle erreichten ihren Adressaten!). Sehr viel Zeit verging mit Warten. Das kannte er, und wie! Der Großvater, im Ungehorsam gegen die ganze übrige Welt längst sein Verbündeter, las jede Seite, ließ nie etwas aus, las alles mit zwar leiser, aber fester Stimme. Er schien selbst so versunken ins Erzählte, daß er immer erst aufhörte, als ihm die Augenlider schwer wurden. Erst dann habe er ihn, immer viel zu spät, nach Hause geschickt. Mit einem Aufschrei der Verzweiflung, der ihrem Temperament, nicht aber echten Gefühlen gerecht wurde, habe die Mutter auf die Entdeckung reagiert, daß die Bücher verschwunden waren – die hatte sie einem Antiquar zum Kauf anbieten wollen. Sie nahm sich, nachdem sie aus ihm nichts habe herauskriegen können, den Großvater vor, forderte die Bücher zurück und schalt ihn, das Kind zu verderben. Daß er nichts von Kindererziehung verstehe, habe er erwidert, dafür sei ja sie das allerbeste Beispiel. Das saß! Natürlich hatte er die kleine gemeinsame Bibliothek so gut versteckt, daß es nicht schwer war, alles abzustreiten. Viel Zeit, die Sache aufzuklären, hatte die Mutter nicht.

Sie war beschäftigt. Manchmal (und immer häufiger bald) erschien sie nicht einmal mehr zum Abendessen. Was tat sie? Wo ging sie hin? Hatte sie, wie es in den Büchern mit Frauen ihres Alters zu geschehen pflegt, ein Verhältnis? Was Großvater ihm vorgelesen hatte, habe er immer mehr in Zusammenhang gebracht mit der Mutter, ihrem Leben, ihrer Abwesenheit. Er habe sich Geschichten selbst ausgedacht, um auch dann bei ihr sein zu können, wenn sie nicht bei ihm gewesen sei. Es waren die Schriftsteller, die ihm erzählten, was Menschen wie die Mutter, seine Lehrerinnen oder die Frau im Bäckerladen ihm nie und nimmer erzählen würden. Er selbst sei es gewesen, der diese Kunst vor dem Einschlafen nachzuahmen versuchte, indem er sich Dinge vorstellte, die er nie erlebt hatte. Seit er träumte, sah er mehr. Er bemerkte an der Mutter jede Veränderung, jede Laune, die sie mit den üblichen Allüren zu überspielen versuchte. Ihm aber konnte sie nichts mehr vormachen. Er verstand bald besser, auch was Großvater fühlen mochte (der natürlich sehr wohl verstand, was er da las, auch wenn sein Enkelkind dummerweise annahm, daß er, nur weil er die eigene Stimme kaum noch hören konnte, den Sinn des Gelesenen nicht genießen konnte). Solange Großvater gelebt habe, habe er sich strikt geweigert, lesen zu lernen. Erst nach dessen Tod begann er damit. Und zehn Jahre später, er hatte längst auch das Schreiben gelernt, nahm er sich zum ersten Mal den Schulblock und kritzelte hin, was ihm durch den Kopf ging. Es waren genau jene zehn Jahre, die die Mutter ihn älter gemacht habe. Seither, erklärte er mir zum Schluß, warte ich auf den Augenblick, der mich zum Schriftsteller macht.

Eine schönere Geschichte, warum einer schreiben muß, habe ich nie wieder gehört.

Die nägelkauende Neurologin war gerade da und wollte mit mir reden, was ich ablehnte. Ich sagte kein Wort, drehte mich zur Wand und schloß die Augen. Sie versuchte, mir einzureden, ich leide unter Selbsthaß.

Da ich slawisches Blut habe, könnte das sogar stimmen. Ganz sicher aber ist, daß sie es ist, die haßt. Und zwar mich! Den Grund kenne ich nicht, will ihn auch nicht wissen. Dann kam sie auf die Briefe zu sprechen. Das interessierte mich. Ich gab meine Zurückhaltung auf – und auch Deinen neuesten Brief als einen von mir verfaßten aus.

Ich weiß mittlerweile, daß diese Behauptung zu Diskussionen geführt hat unter den Ärzten. Die einen entnehmen dem harmonischen Schriftbild Hinweise darauf, daß die Medikamente Wirkung zeigen. Andere mögen mir weiterhin mißtrauen. Einer, ich nehme an, ein Libanese und ganz das, was man wohl einen »Frauentyp« nennt, ein sportlicher, schwarzhaariger, seltsam sanftmütiger junger Mann, dessen Augen immer lächeln, schüttelt, sobald sich unsere Blicke treffen, den Kopf. Wahrscheinlich hält er mich für einen Lügner (ich kann das nicht als Fehldiagnose verurteilen!). Aber wozu lügen, außer, wie gesagt, daß ich Dich als Autorin dieser Briefe verleugne?

Auch ein anderer der Herren Doktoren wird mein Spiel wohl durchschaut haben, mich für völlig gesund ansehen – mich aber, habe ich den Eindruck, und sei es zu seiner Unterhaltung, auf der Station behalten wollen.

Frau Dr. Fingernagel hat offenbar, wie er mir andeutet, ein Dossier über mich angelegt, also über uns beide. Sie scheint sich für unsere sexuellen Vorlieben zu interessieren, vielleicht für die Andeutungen darüber mehr als für das, was ihnen in unserem Fall zugrunde liegt, diese maßlose, bis zur Unbändigkeit frische Freude, sich in der Gegenwart eines anderen gehenzulassen, um endlich ins Reich einer Freiheit einzudringen, das jeder vor jedermann geheimhält. Ob sie auch Erlebnisse hat mit russischen Taxifahrern?

Ich muß, bevor das Licht ausgeht, Schluß machen. Nun also Wien, wie lange?

Laß uns, einen halben Erdball voneinander getrennt, genesen.

W.

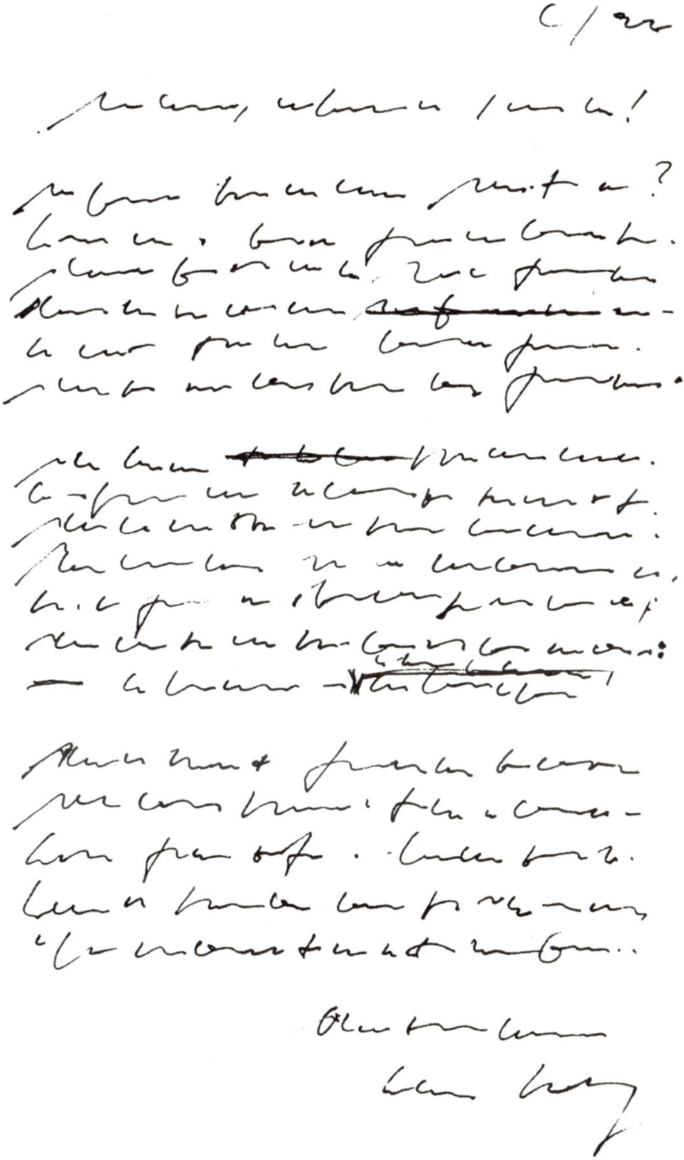

Virginia-Reiter-Hospital, NYC

Ich esse nichts mehr, seit einer Woche schon. Ich faste. Mein Stationsarzt, ein Dr. Bagatella, hat nichts dagegen, bittet mich aber, die Grenze von weiteren fünf Tagen nicht zu überschreiten. Was treibt mich? Wieder nur eine nervöse Verstimmung? Ein Impuls aus den Restbeständen meiner Radikalität? Der Wunsch nach Reinheit, wenigstens der, keine Scheiße mehr im Darm zu haben? Oder ist es die Idee, meinem Wunsch, fliegen zu können, so nah wie möglich zu kommen? Wie leicht man wird, wie hinfällig auch, aber eben doch leicht. Ich trinke (auf Anraten Dr. B's) viel Wasser, also verwandle ich mich wohl eher in einen Delphin, bestenfalls. Wie gut es tut, sobald man über die ersten Tage hinweg ist, der Magen aufhört, Säure zu produzieren, sich gleichzeitig allmählich auch jegliches Hungergefühl verflüchtigt. Man hat am dritten Tag tatsächlich weder Verdautes noch Unverdautes in sich. Allein diese Vorstellung hilft.

Die nächsten Tage waren dann herrlich, sind es bis heute. Es kehrt ein Lebensgefühl zurück in den Körper, das abzulehnen mir zeitlebens eine Genugtuung war. Du weißt ja, wie aufgehoben ich mich immer fühlte mit einer gewissen Dosis Gift zu Händen. Gerade die Wohltat einer beharrlichen, vom Erwachen bis zum Schlafengehen konstanten Müdigkeit war es, die mir die Orientierung für ein Leben ermöglichte, das immer mehr ins Abstrakte verliebt war als ins Konkrete, mehr in den Gedanken als in die Tat, mehr ins Warten als ins

Gehen, ins Entscheiden. Unsichtbar in einer Umlaufbahn eigener Empfindungen verschlossen, nehme ich kaum noch wahr, was für das Fortbestehen der Welt getan werden muß. Mich jedenfalls geht das nichts mehr an. Ich bin zu meiner privaten Weltformel geworden, nicht mehr ansprechbar, abwartend, nicht länger mehr enttäuscht wie früher, angewidert, im Grunde allein gelassen von mir selbst. Und siehe da, ein kleiner, aber konsequenter Entzug, nichts weiter als die Aufkündigung, das Gewohnte zu tun, in diesem Fall Nahrung zu sich zu nehmen.

Dann erschien Gobbo mit Deinem Brief. Ich wäre, hätte ich mich nicht durch mein Fasten in den Zustand äußerster Konzentrationsfähigkeit gebracht, ziemlich erschrocken. So aber war ich amüsiert. Wie folgsam Du bist, meine verlorene Geliebte, nun doch nicht gleich nach NYC zu kommen, sondern einfach kreuz und quer, stelle ich mir vor, Europa zu bereisen. Daß Dir Wien (auch im Frühling!) mißfallen hat, kann ich trotz meiner Hymnen auf die Stadt verstehen. Das Gefühl, schon einmal ein nutzloses Leben hinter sich gebracht zu haben, das einen auf Schritt und Tritt in Wien befällt, in den Gassen, den kleinen Plätzen, selbst in den goldverzierten Prachträumen alter Palais, habe ich auch immer gefürchtet. Dazu die Menschen, die allesamt zum Fürchten sind in ihrer haßerfüllten Gleichgültigkeit. Wenn nicht die Musik spielt, ist es nichts in Wien. Und die gleiche Musik stößt einen dann nur noch um so tiefer in die Betrübnis, gegen das Leben, wie es nun einmal ist, nichts ausrichten zu können. Daß Du das nächste Flugzeug genommen hast, war richtig.

Und jetzt Rom? Was hast Du vor? Wann (und an welchem Ort) findest Du endlich zu einem neuen Beginn zurück? Natürlich kann ich mir kaum vorstellen, was eine Ehe, noch dazu eine harmonische, in Dir angerichtet hat. Ich, der ich faste, dem der Hunger, und zwar jede Art von Hunger, zuwider geworden ist, spreche zu Dir, dem allerhungrigsten Wesen, das ich kenne.

Nein, K., Du mußt auch weiterhin ohne meine Eifersucht auskommen. Ich vermisse Dich, aber ich will Dich nicht sehen, nicht in nächster Zeit. Erspare Dir also vor allem die Andeutung, Du hättest dich schon nach dem ersten Tag in Rom verliebt. Warum nicht gleich in eine ganze Fußballmannschaft?

Du bist eine schlechte Lügnerin. Du willst ehrlich sein, weißt aber, wie mich das immer gelangweilt hat. Und zum Erfinden von Geschichten reicht die Freude nicht aus, die man beim Lügen empfinden muß. Sieh Dich vor, mir aber irgendwelche Details verheimlichen zu wollen, was die Stunden betrifft, die Du vor lauter Zärtlichkeit tatsächlich gewalttätig wirst. Nur Einzelheiten, keine Meinungen oder Ansichten.

Geh nach Lissabon. Ich war selbst nie da. Tu Du's für mich. Ich habe auch für Dich gefastet. Du, während ich still halte, bewegst Dich – auch für mich. Mach das beste aus meiner Unruhe. Ich bin ruhig für uns beide.

Noch was, weil Du ja gerade in Italien bist. Der Betablocker-Virtuose, Du erinnerst Dich? Eine seiner Geschichten, die eines gewissen Tarisio, will ich Dir, bevor ich sie wieder vergesse, doch noch zu Deiner Unterhaltung erzählen.

Die Geschichte spielt um 1790. Dieser Tarisio war Analphabet und einfacher Tischlergeselle. So wanderte er durch die Lande, wie Du, mal dahin, mal dorthin. Nebenbei spielte er auf Hochzeiten oder zu sonstigen Festen Geige. Eine Art Tanzgeiger, den ja eine bestimmte Sorte Frauen anhimmelt. Er hatte Frauengeschichten, was für den Fortgang der Geschichte unwichtig ist. (Ob es Frauengeschichten dieser Machart noch gibt, Zufälle, die nur den Moment beeinflussen, nicht das Leben insgesamt?) Irgendwie kam es dazu, daß er auch Geigen reparierte, zuerst wohl seine eigene, statt Stühle oder Tische. Und so verstand er bald auch genug vom Wert einer Geige, genug jedenfalls, um zu meist unglaublich niedrigen Preisen wertvolle Instrumente aufkaufen zu können. Schon damals wollten die Leute lieber Bares als nutzloses Gerümpel, das ein Großvater nach seinem Tod auf dem Dachboden zurückgelassen hatte. Kurz und gut, Tarisio begann alsbald mit dem Kauf und Verkauf von Geigen. Er war längst regelrecht ein Fachmann geworden. Und bald der heimliche, aber rechtmäßige Besitzer der kostbarsten und gesuchtesten Instrumente, gesucht vor allem in Paris, dem Zentrum der Zeit. Also ging er dorthin, das war 1824. Was er bei sich hatte, war ganz einfach ein unschätzbares Vermögen wert, nur er selbst sah aus wie ein übler Landstreicher – und das war er auch, denn er ging zu Fuß, kam zerlumpt an, wurde zwar von einem der berühmtesten

Pariser Geigenexperten empfangen, hatte aber keine Chance, in seinem Zustand jene Preise zu kassieren, die ihm (einem Kenner, den alle verkannten!) vorschwebten. Er verließ Paris und kehrte zurück nach Italien, im Gepäck die kostbarsten Instrumente. Aber er kehrte zurück nach Paris, dieses zweite Mal aber in Schale, standesgemäß, in einer Pferdekutsche reisend, im feinsten Zwirn, mit Perücke, gepudert, die Nägel lackiert. Allein das genügte, um die Preise hochzutreiben, noch höher als die ohnehin schon schwindelerregenden Preise für Kostbarkeiten dieser Art. Mehr noch, er spielte nun die einzelnen Interessenten gegeneinander aus. Eine süße Rache für den Mißerfolg der ersten Ankunft in Paris. Tarisio kapierte rasch – wie er das immer schon gekonnt hatte. Was ihn aus dem üblichen Bild des geldgierigen Händlers heraushebt, ist zugleich das Tragische: er brachte es nicht fertig, tatsächlich und nach all dem Handeln und Feilschen, nach den Einladungen und Vorladungen zu Abschlüssen, jene allerteuersten Instrumente, an denen doch so sehr sein Leben, sein Glück und seine Liebe hing, zu verkaufen, für keinen Preis der Erde. Und so starb er irgendwann, im Besitz zwar großer Reichtümer, aber als armer, heruntergekommener Mann – also im Zustand eben jener Erbärmlichkeit, die es beim ersten Versuch vereitelt hatte, zu Geld zu kommen; denn damals hätte er verkauft! Dabei hätte er sich nur von einer einzigen Guadagnini oder seiner del Gesú trennen müssen. Nur einer einzigen seiner vielen Geigen! Aber nein. Nein, niemals. Er hatte aufgehört, dem Verstand das alleinige Bestimmungsrecht über das Glück seines Lebens zu überlassen. Er war verrückt, ohne Zweifel. Und daran ist er dann krepiert.

Die Geschichte geht noch weiter, paß auf. Ein Franzose, ein gewisser Vuillaume, gehörte seit langem zum Kundenkreis von Tarisio. Und als nun der erfuhr, daß Tarisio gestorben sei, das war 1854, machte er sich auf nach Mailand und betrat alsbald ein ärmliches Hotelzimmer, eben jenes, in dem Tarisio auf einer billigen Matratze gestorben war. Und was fand er? Die allerbesten Violinen, Bratschen, Celli, Kontrabässe, alles durcheinander (ineinander) die Wände hochgestapelt. Die Verwandten des Toten brachte dieser Vuillaume mit einem Haufen Geldscheine, die er bar auf den Tisch der Küche legte, zuerst zum Schweigen, dann zum Staunen, dann zum Grübeln – und schließlich zu der größten Dummheit ihres Lebens, denn sie rafften all das Geld (das ja nichts war im Vergleich zum Reichtum der Instrumente) zusammen. Dieser Tarisio, er galt mehr noch als fremden Menschen der eigenen Verwandtschaft als Verrückter. Was er tat, konnte nichts Vernünftiges sein. Was er sammelte, mußte wertlos sein. Und da es den Erben an allen Ecken und Enden an Geld mangelte, sagten sie sich: fort mit dem Plunder. Vuillaume machte das Geschäft seines Lebens. Und noch mehr: um noch ein paar Scheine mehr aus dem Fremden aus dem Franzosenland herauszuholen, sprach einer von einer Hütte, einem Stadel eines verfallenen Bauerngutes. Da sei er, dieser Tarisio, verrückt, wie er eben immer war, auch des öfteren gewesen. Vuillaume zögert keine Sekunde. Was er dort unter zwei Decken versteckt fand, war das Kostbarste, was es gab, das Herzstück seiner Sammlung, gewissermaßen das Herz selbst, also jene Geigen, die Tarisio so sehr für sich behalten wollte, daß er beschloß, sie nicht einmal mehr herzuzeigen. Heute wissen wir, was da herumlag: zwei Strads, eine Guarnerius del Gesú, eine Carlo Bergonzi und zwei J. B. Guadagninis.

Von einer dieser Stradivaris hatte Tarisio überall, wo er hinkam, immer erzählt. Niemand hatte sie je zu Gesicht bekommen. Und deshalb nannte sie Vuillaume, als er sie endlich in Händen hielt, die »Messias«. So heißt sie noch heute.

Das sind so Geschichten, ich weiß. Aber nun schlaf ein.

W.

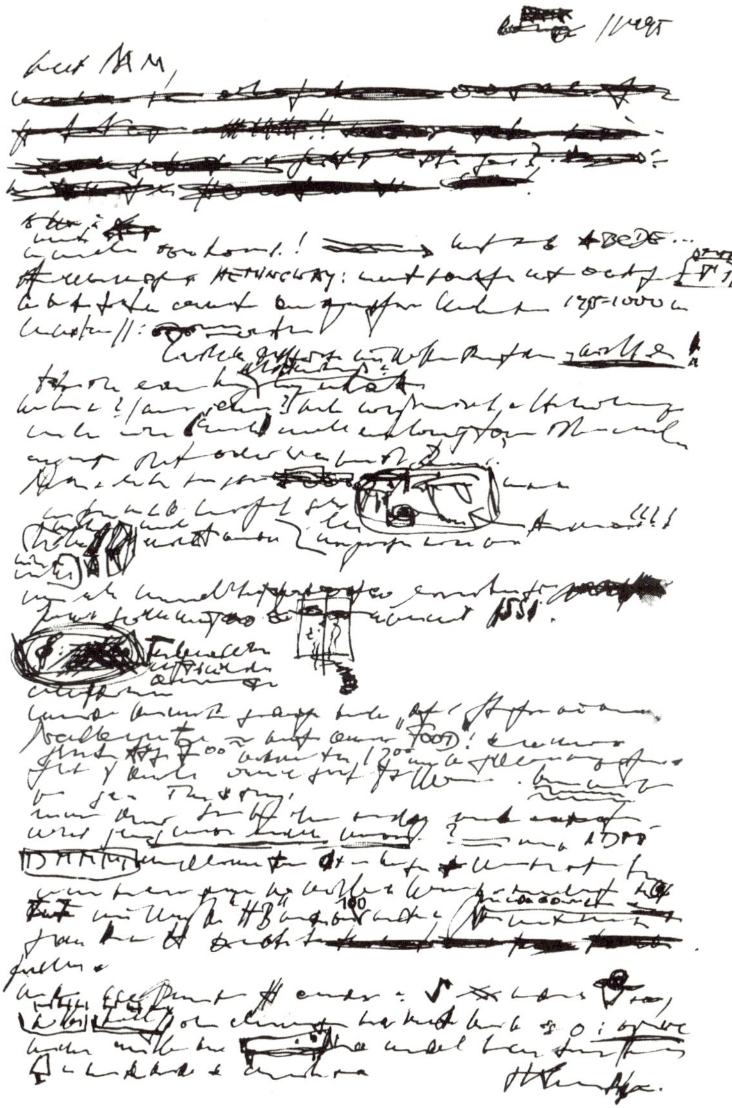

100

Allem, was Du empfindest, gib
Die kleinste Größe.

Das ist nicht von mir, Dummkopf, aber es wäre die Rettung, nicht wahr? Was ich empfinde, Dich durch Rom gehen zu sehen? Ich sehe Männer, römische Männer noch dazu, die Dir nachschauen mit einem Blick, der die Unsterblichkeit der Cäsaren parodiert. In den Staub mit ihnen, in den Schädelstaub der Geschichte. Zieh die Schuhe aus, geh barfuß. Laß sie den Schweiß lecken zwischen Deinen Zehen und gib ihnen dann einen Tritt.

Du müßtest in Rom, angesichts so vieler so makellos zerstörter Ruinen, ohnehin bereits auf die Größe einer Erdbeere geschrumpft sein. Schau Dir die Gemälde, auch die in Kirchen, an. Findest du nicht, daß jedes zweite Jesuskind aussieht, als hätte es Blähungen?

Erzähl mir von den Frauen Roms, denen in Deinem Alter.

Sobald ich nur den Namen dieser Stadt höre, denke ich an die Niedertracht der Begierde, den Wahnsinn der Eroberungen, denke an Macht, Mord, Intrige, Profit, an die Schenkel von Frauen, das Weltreich ihres Geschlechts. Es gab nie etwas anderes als diese Weiber und diese Männer (oder eben jene jungen schönen Männer, die vor dem Orgasmus gebadet und danach geköpft wurden). Ein Menetekel! Und die Päpste mittendrin.

Neulich erschien Dr. Bagatella bei mir, setzte sich zu

mir an meinen kleinen Tisch, bot mir eine Zigarette an, wir rauchten. Was hatte er auf dem Herzen? Es fiel ihm sichtlich schwer, damit herauszurücken.

Ich sei, wußte er, zur Liebe unfähig. Mich interessiere bereits am Beginn einer Beziehung nur die Qualität der Erinnerung. Er könne sich auch nicht vorstellen, daß sich das noch jemals ändern könne. Der Zustand werde sich erfahrungsgemäß eher zuspitzen, die Zahl meiner Affären steigen, das Schuldbewußtsein sich verschlimmern. Ich würde immer mehr zum (immer gelangweilteren) Zuschauer meines Lebens werden, unwillig einzugreifen. Mir stünde, sagte er, das Tor zur Einsamkeit weit offen.

Wir rauchten noch eine.

Ich dachte an die Chancen, die wir haben, wenn der Doc recht hat, drückte die Erdbeere mit der Zunge gegen den Gaumen und bedankte mich für die schonungslose Offenheit. Ganz mein Geschmack, sagte ich und wußte nicht, ob der Geschmack der Erdbeere oder Bagatellas Kurzfassung meines ganzen Elends gemeint war. Ich sehe das auch so, sagte ich. Ändern könne und wolle ich die Lage keineswegs. Ich sei aber, gab ich zu bedenken, wenigstens doch zu Bewunderung fähig, es gäbe noch ein paar Menschen, die ich aufrichtig und tief bewundere und die ich, sagte ich, liebe. Eine Frage der Definition, sagte Dr. Bagatella. Wir redeten dann darüber nicht lange weiter.

An Fachgesprächen über meine Person bin ich nicht interessiert, nicht nach Sonnenuntergang jedenfalls. Aber mir schmeichelte der fast private Besuch meines

Arztes. Es war wohltuend, einfach nur mit einem Menschen in Ruhe zu rauchen.

Glauben Sie, Doktor, fragte ich ihn nach einer Weile, daß ich verrückt bin?

Nein, antwortete er, noch nicht. Noch sind Sie es nicht.

Ich ließ mich nicht täuschen von dem Lächeln in seinem Blick. Unter uns, sagte ich, würde mich jetzt nur noch eines interessieren. Sollte der Tag X eines Tages kommen, was für eine Art Wahnsinn wird mich befallen: die ruhige Version (ich sitze bis ans Ende meiner Tage auf einem Stuhl und starre die Wand an und eine Schwester reicht mir Buntstifte und einen Zeichenblock und wischt mir die Nase trocken) oder die motorische Variante (also Zuckungen, Anfälle, schreiendes Gegen-die-Wand-Rennen, o mein Gott, Nägelkauen).

Schwer zu sagen, sagte Dr. Bagatella. Ich werde es Ihnen nicht vorenthalten, wenn ich darüber Klarheit habe. Und dann sprach er den Satz aus, der mich erlöste. Sie bleiben ja ohnehin noch eine Zeit bei uns.

Stell Dir vor, ich darf bleiben! Ich darf weiter Ruhe haben. Zumindest hindert mich niemand und nichts, mich auf den Weg zu machen, sie zu suchen. Irgendwann wird jede Handbewegung, die ich mache, mir gehören. Ich werde nicht ein einziges Mal wieder überflüssigerweise den Kopf schräg halten. Und mich durch falsche Fragen in Unruhe versetzen lassen. Ich werde nie wieder zwei Schritte gleichzeitig machen, zehn Gedanken auf einmal beginnen, nicht sein wollen, wo ich bin und wer ich bin – und nie wieder jede Frau, der ich begegne, begehren, nur so, nur einer Erregung zuliebe. Meine unentwegte Erregungsbereitschaft hält Dr. Bagatella ohnehin für krankhaft.

Daß ich eine Schreibmaschine bekommen habe, verdanke ich natürlich nur ihm. Er erhofft sich, daß ich auch noch was anderes drauf schreibe als diese Briefe. Aber solange es keine an den Papst, den KGB oder den amerikanischen Präsidenten sind, bleibt er geduldig. Um noch einmal auf mein Gespräch mit dem Doktor zurückzukommen. Ich bin tatsächlich zerstört, vermute ich. Meine Unfähigkeit zu lieben (sollte ich zweifeln, daß sein Befund stimmt?) ist ein Todesurteil. Und meine Zukunft die dunkelste. Wenn ich behaupte, ich sei endlich zur Ruhe gekommen, errege ich dann nur noch Mitleid? Und mein Lächeln, wird es alle zum Schweigen bringen?

Ich will, um welchen Preis auch immer, einmal ganz mir gehören. Nicht einmal eine Frau fehlte mir dann. Ich könnte keiner weiterhelfen. Habe ich das denn je gekonnt?

Du siehst, auch ich versuche zu schrumpfen, auf die kleinste Größe. Und eines Tages werden wir beide einen einzigen kleinen Punkt bilden, am Ende einer schönen, wahren Geschichte.

W.

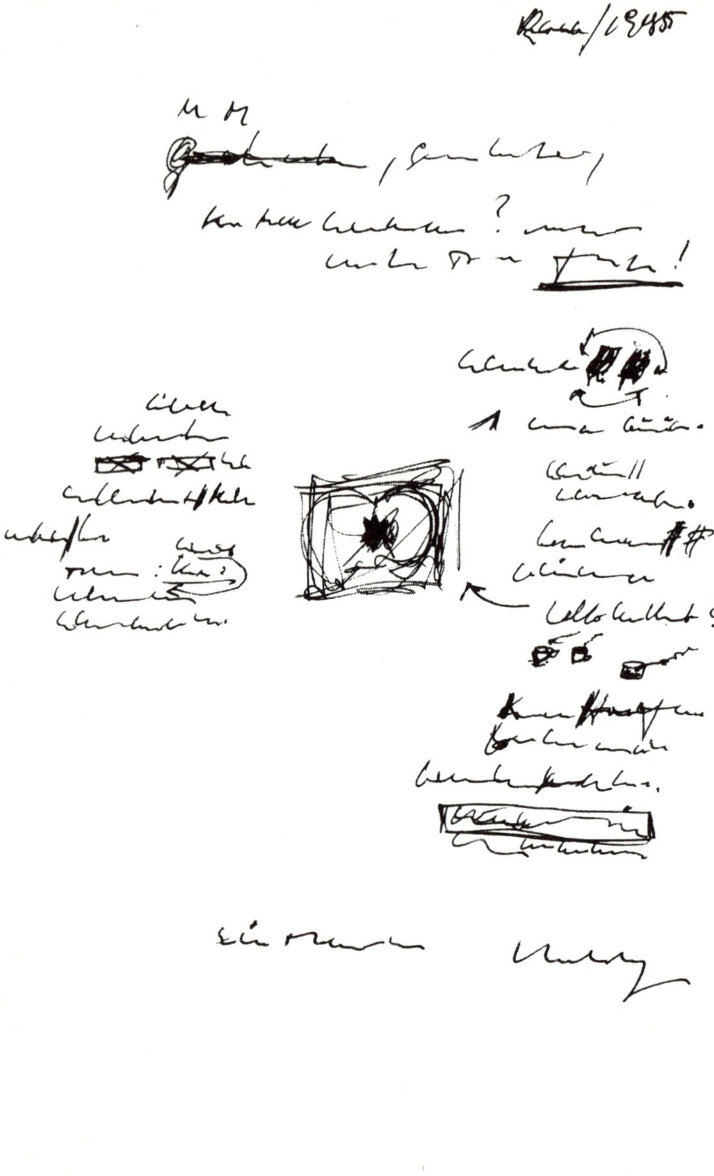

Virginia-Reiter-Hospital, NYC

Nur ganz schnell, Liebste. Bleibe um Gottes willen erst einmal in Rom, hörst Du? Zieh nur einfach um, z. B. ins »Inghilterra«, wenn Du kannst, ins oberste Stockwerk, und zwar in eines der Zimmer nach hinten. Besteh darauf, Du kannst doch so was. Aber nimm, bitte, nicht unbedingt auch noch das Zimmer mit dem alten venezianischen Bett.

Ich verbiete Dir, zu kommen. Krieg von mir aus einen fetten Arsch, aber laß Dich hier nicht blicken.

Ach übrigens, das venezianische Bett, das war gar nicht Rom, sondern Verona, als es die ganze Nacht hindurch regnete. Am Morgen wären wir beide am liebsten barfuß durch die Stadt gegangen, nicht wahr? Wie Hunde hungrig haben wir uns aneinandergelehnt und fast geschlafen, als wir so zusammen dahingingen.

Also, hör auf mich.

W.

Virginia-Reiter-Hospital, NYC

Vor fünf Minuten war Gobbo hier!
Also doch! Du hast mir nie ein Wort geglaubt, in keinem meiner Briefe an Dich! Immer war da ein zweiter Gedanke, eine Vermutung, ein Verdacht. Was für ein Märchenonkel! Was für ein Geschichtenerzähler! Und dann genügte offenbar ein schlechter Traum oder, was wahrscheinlicher ist, eine deftige Sauftour durch ein paar Bars und danach ein Kater, der sich gewaschen hat – oder auch nur wieder einer dieser leeren Tage hinter den regenbeschlagenen Fenstern in einem Hotel in irgendeiner fremden Stadt, um Dich auf die Idee zu bringen, die Wirklichkeit für null und nichtig zu erklären. Wie weit weg New York war – und wie stark Dein Wunsch, dem Spuk ein Ende zu machen.

Katerstimmungen verführen dazu, jedenfalls die, die ich hinter mir habe, die Realität umzutopfen. Anders kann ich mir nicht erklären, warum Du plötzlich zum Hörer gegriffen hast.

Tatsache ist, daß Gobbo keinen Grund hat, mich anzulügen, wenn er mir sagt, Du hättest einfach nicht glauben wollen, daß ich nicht zu Hause bin. Wie denn, wo ich hier bin? Eigenartig!

Auf einen weiteren Anruf, später in der Nacht, den Du angekündigt hättest, habe er dann aber vergebens gewartet; und seither nichts mehr von Dir gehört.

Kann ich daraus schließen, daß Du Dich selbst nicht mehr erinnerst? Es war keine Sternstunde, soviel ist klar. Du kannst doch nicht im Ernst angenommen haben, daß Du mich zu Hause an die Strippe bekommen würdest! Ich habe Deine Phantasie immer bewundert, kapituliere aber vor dem Argwohn einer Frau, die nur vergessen hat, am Abend zuvor genug Aspirin zu nehmen.

Woran ich denke? Diesmal kriegst Du eine Antwort. Daran, woran Du gedacht haben magst. Natürlich geht es ihm gut. Es geht ihm sogar ausgezeichnet. Er hat alle Hände voll zu tun, sich wohlzufühlen. Kein Wunder, daß er nicht zu Hause ist! Er ist nie zu Hause. Aber von wegen Irrenhaus! Wahrscheinlich macht er endlich sogar Karriere, in Schwung wie er ist. Irgendwann rennen ihm auch noch die Verleger die Bude ein. Er diniert in den allerbesten Restaurants. Vom Nebentisch grüßt Robert de Niro. Aber es hilft ja nichts. Hin und wieder ist eben ein Brief an die Geliebte in Europa fällig. Also hingesetzt auf den Hosenboden und mit der Ausdauer eines Abschiednehmenden drauflos schwadroniert, aus dem Stegreif erfundene Geschichten, die doch nur den einen Sinn haben, den nämlich, mich aus dem Spiel herauszuhalten.

Gemeiner Kerl! Ich werde aufhören, ihn zu lieben! Morgen, gleich morgen!

Will mir einreden, New York sei eine einzige Katastrophe, eine Stadt, die genau meine Kragenweite hat, und das weiß er auch! Literatur! Alles Literatur! (Was ein Schimpfwort ist, wenn Du nur wütend genug bist!) Sollen ihn die Krokodile fressen! Hoffentlich sind die Vorschüsse, die er für seine Stories kassiert, hoch genug, um die zitierten Ehefrauen, die er reihenweise aufs

Kreuz legt, nicht auch noch anpumpen zu müssen. Was für ein gewöhnlicher Kerl, auch wenn er Sturzbäche der Glückseligkeit entfesseln kann.

Hält mich in Europa gefangen und steckt mir Kornblumen ins Haar! Er besingt mich, das ist wahr. Aber jetzt ist damit Schluß. Jetzt will auch ich singen. Jetzt hörst mal Du zu. Ich lasse mich gern erfinden, aber nur in Gegenwart eines Mannes, der liebt. Von mir aus gehe ich mit ihm durch die samtene Stille alter Alleen, aber wegen Dir immer nur allein zum Briefkasten? Verfrachte mich, wenn Du willst, in jedes Hotelzimmer, aber laß mich dort nicht die Wände anstarren.

Darf ich auch mal kurz was sagen, Liebste?

Nein! Schreib mir nie wieder. Nie mehr! Hörst Du? Keine einzige Zeile mehr! Schau lieber auf die Uhr, es ist sicher Zeit, den Abend zu planen.

Der Kerl läßt es krachen, ich bin sicher. Er spinnt, das ist auch sicher. Und mir ist eben gerade danach, ihm kein Wort mehr glauben zu wollen.

Ach so, dieser Gobbo, dieser Freund von Dir, der hat doch sicher wissen wollen, wer die Lady ist und wie sie aussieht, oder? Ich nehme an, Du hast Dich nicht lumpen lassen, schlagfertig wie Du sein kannst in Hochform. Wie sie aussieht – von hinten oder von vorne? Wie ich Dich kenne, hast Du mit meiner Beschreibung weder hinten noch vorne begonnen, sondern unten, Du Schwein!

Plötzlich ist es still, auch in meinem Kopf. Vor Erschöpfung über all diese Dummheiten bist Du jetzt, wenn auch mit wütender Stirn und offenem Mund, eingeschlafen. Ja, Du schläfst. Endlich! Unter der Handfläche, die über Deine Haare streicht, fühle ich noch das Echo Deiner Kanonaden, die Dir, ausgeschlafen wie Du inzwischen wieder bist, sicher längst leid tun.

W.

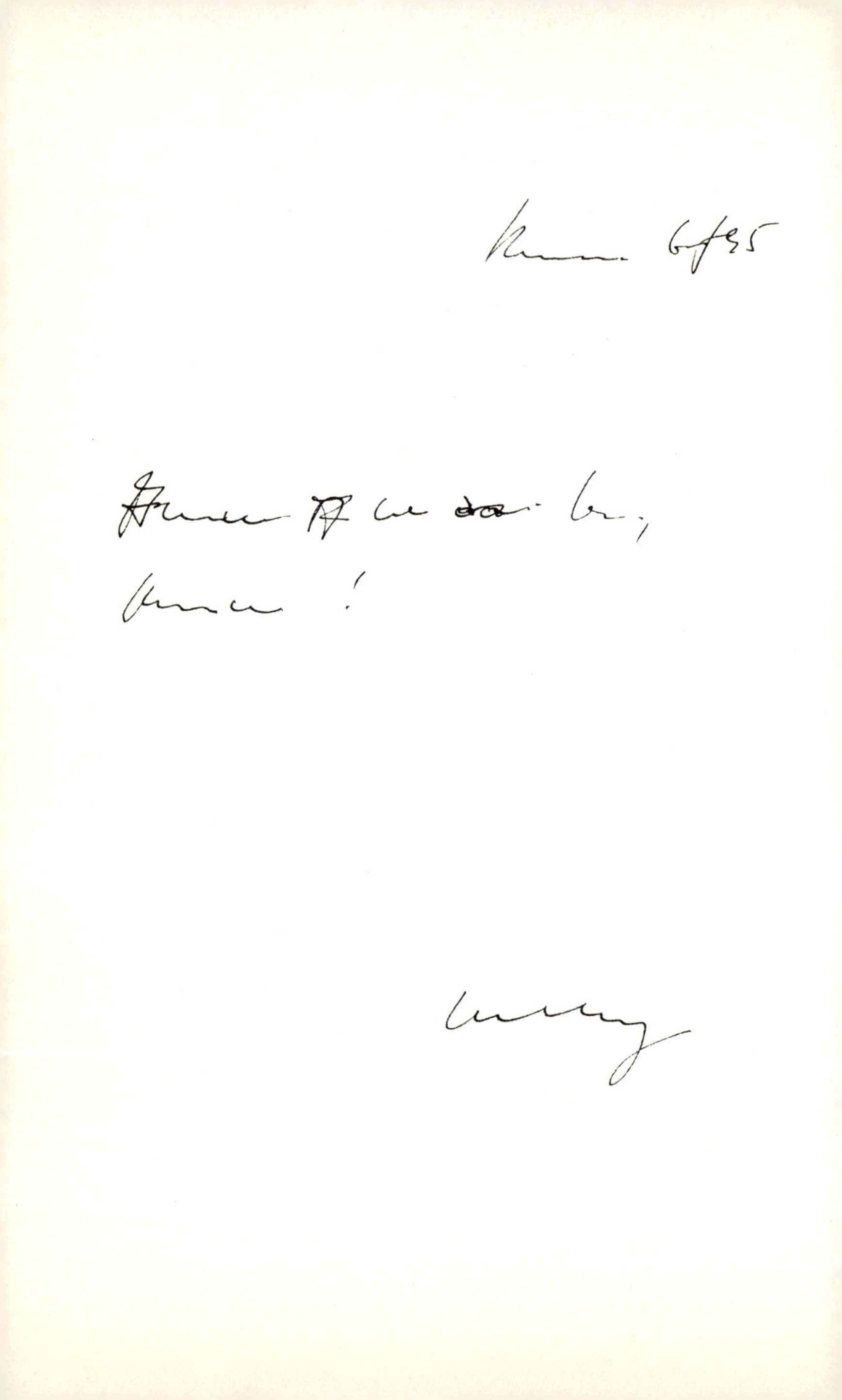

Virginia-Reiter-Hospital, NYC

Meine römische Straßendirne,
was soll das heißen: Ich halte das nicht mehr aus. Was, das? Oder kann ich Deine Handschrift nicht mehr lesen?

Dieser Verdacht übrigens kam mir, als Dr. Bagatella mir gratulierte, obwohl er dabei ungläubig ein wenig den Kopf schüttelte. Der Brief hatte auf meinem Tisch gelegen und Doc hatte ihn wohl, während wir beide rauchten, weggenommen. Da Du ja einen Satz, nur einen, gen NYC geschleudert hast, wird er den Satz und damit Deinen Brief gemeint haben. Gratulieren, wozu? Zu dieser, wie soll ich sagen, sagte er, obszönen Schmeichelei! Ich staunte. Ich forderte ihn auf, das Blatt in die Hand zu nehmen und mir vorzulesen, was da angeblich stand. Er tat es. Ich traute meinen Ohren nicht. »Ich warte mit offenen Schenkeln!« Ich riß ihm den Brief aus der Hand und las: »Ich halte das nicht mehr aus!« Ich las es laut. Und nach einer kleinen Weile, die wir einander wie Kinder anschauten, die etwas ausgefressen haben, sich aber trotzdem jetzt nach Hause trauen müssen, begannen wir zu lachen.

Danach verbrachte ich eine schlaflose Nacht. Sollte ich Deinen Brief vielleicht noch einer anderen, dritten Person zeigen? Stimmte was nicht mit dem Doc? Phantasierte er? Aber was, wenn ich immer schon alles, was Du mir geschrieben hast, falsch verstanden hätte? Myriaden von immer stärker und lauter sich widersprechenden Gedanken hielten mich wach. Und morgens sah ich aus wie in den guten alten Tagen, wenn wir, freilich aus handfesteren Gründen, kaum geschlafen hatten. Sogar Hemingway machte eine Anspielung in diese Richtung. Wir haben da, teilte er mir mit, eine blutjunge Schwarze in der Küche, eine Kubanerin. Ich war neugierig. Zum ersten Mal, seit ich hier bin, betrat ich den Küchentrakt. Und sah sie zwischen den Salatköpfen, die sie wusch. Am liebsten hätte ich sie auf der Stelle mit einem Eimer Wasser übergossen und dann ein Feuer für sie entzündet und eine Nacht im Freien mit ihr verbracht, eine Nacht, die es auf Erden nicht gibt.

Grüße von Dr. Bagatella auszurichten darf ich nicht vergessen, Grüße an diese, wie er sich ausdrückte, »hemmungslos temperamentvolle Frau«. Was für ein Unsinn! Trotzdem widersprach ich nicht. Was geht es ihn an? Er kennt mich, das ist wahr, als einen (mittlerweile) unterhaltsam redseligen Burschen und mag erwartet haben, ich käme nun ins Schwärmen und tischte womöglich Intimes auf. Statt dessen ging mir durch den Kopf, ob er vielleicht mit Frauen so seine Probleme haben könnte und welche das sein könnten und daß, was er Dir da andichtete, einer Geliebten entsprach, die eine Nummer zu hemmungslos und zu temperamentvoll für ihn wäre? Was stimmt nicht mit ihm? Und was meinte er? Gut im Bett? Andererseits könnte ich mich auch in ihm täuschen. Er ist mein behandelnder Facharzt und also im Dienst, auch wenn wir nur miteinander plaudern. Sieht er den Kern meiner Verwirrung im Verhältnis zu Frauen, zu einer einzigen in diesem Fall, zu Dir also? Dann bräuchte er aber Informationen! Hat er die?

Weißt Du noch, wie überschwenglich wohl uns war, wenn wir hinauszögerten, was auch schnell zu haben gewesen wäre? Mit welcher Genugtuung wir unruhig waren und vom gleichen Gedanken erregt und wie versunken in das Spiel einer Verführung, die wir – wie die ersten Menschen – immer wieder neu zu erfinden hatten? Soviel zur Hemmungslosigkeit! Im Mittelalter dauerten die Kriege der Lust länger. Liebende ohne die Begabung, warten zu können (und das manchmal ein halbes Menschenleben lang), waren chancenlos. Dante genügte gar der Schatten der Geliebten. Sie selbst, unangetastet, war reine Poesie. Zur Schau gestelltes Temperament, Frauen mit sogenannten Temperamentsausbrüchen, eine Geliebte, die einfordert, was sie für ihr gutes Recht ansieht, die Gewöhnlichkeit des Üblichen, wie immer erleichtert einem danach auch zumute sein mag – körperliche Transaktionen, weiter nichts. Warum nur temperamentvoller sein wollen als jenes unschuldig junge Mädchen, dem sich zum ersten Mal ganz die Sinne verwirren? Nicht wahr, der Gedanke an eine nie verlorengehende Unschuld der Seele! Und der Kampf des Körpers, eines Körpers, der schon auf die Berührung nur einer einzigen Fingerspitze reagiert!

Es steigt mir wie Wein ins Blut, was ich denke. Und draußen der Nachtwind, der die Seele wiegt, wie die Russen sagen. Ich wäre verloren ohne ein paar meiner schlechten Eigenschaften. Heilig der Hochmut der

Stallburschen, der nie gelernt hat, etwas zu heilen. Heilig die Hand, die nicht zögert. Heilig die Liebenden ohne Namen.

Geh schlafen. Geh träumen. Geh erwachen.

W.

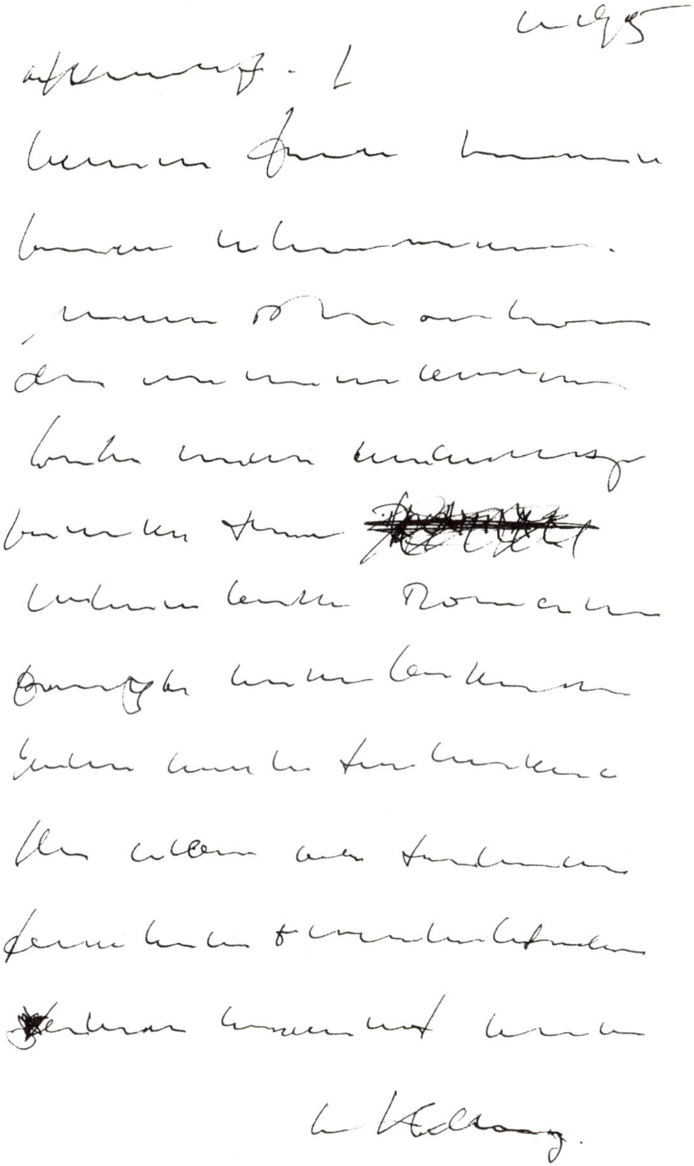

Virginia-Reiter-Hospital, NYC

Wenn mich nicht alles täuscht, war Dein letzter Brief der schönste, den je eine Frau einem Mann geschrieben hat. Ich werde ihn als Dessert verspeisen, also nach den Kartoffeln und dem Stückchen Truthahn, das es freitags immer gibt. Und meine Zunge, mein Gaumen und mein Magen werden alle dasselbe Aroma schmecken, das eines Wunders.

Wie gerne wäre ich eifersüchtig!

Natürlich weiß ich, wie giftig die Tinte sein kann, mit der du schreibst. Aber wie es schmeckt.

Beste Grüße von einem,
der wg. Unfähigkeit, lieben zu können,
einsitzt, freiwillig auch noch.

PS: Ein Vogelschwarm erhebt sich in die Luft und läßt am Boden einen Betrachter zurück, der über die Harmonie dieser von so vielen verschiedenen Flugbahnen gebildeten schwarzen Wolke nicht genug zu staunen vermag. Kein Flügelschlag stört den anderen, und das bei einer Geschwindigkeit, in der sich Beschleunigung und Verzögerung auf rätselhaft vollkommene Art verändern. Er ist, wenn er sich diese Meisterschaft der Bewegung vergegenwärtigt, um so weniger bereit, in diesem Schauspiel etwas anderes als ein Wunder anzuerkennen, und damit jenem anderen Betrachter (falls es ihn gibt!) nicht unähnlich, der im Gestöber dieser pulsierenden Punkte (noch dazu vor dem Hintergrund eines azurblauen Himmels) die Gebärdensprache Gottes entdeckt und jedem einzelnen dieser kleinen gefiederten Künstler in Gedanken applaudiert, denen es nicht in den Sinn käme, sich ihrer Fähigkeiten zu rühmen. Ich möchte jetzt mit der Nase voran in einen Heuhaufen fallen, den erstbesten außerhalb Roms.

W.

Laß mich noch etwas zum letzten Brief sagen:
Mich macht ein einziges durchgestrichenes Wort, wenn ich es nicht doch noch irgendwie entziffern (oder doch wenigstens halbwegs erraten) kann, wahnsinnig. Mich macht es wahnsinnig, nicht zu wissen, was da stand. Was da zuerst geschrieben, gemeint war. Ich vermute ja immer, es sei genau das gewesen, was ich lesen wollte. Was zu lesen Du mir aber verbietest. Daß Du etwas enthältst. Daß Du etwas verschweigst. Daß Du nicht deutlich sein willst. Daß Du nicht ein Wort änderst, sondern Deine Haltung. O mein Gott, wie habe ich nur immer wieder diese Striche angestarrt! Ich knie vor Dir. Schreib mir durchgestrichene Briefe, wenn Du mich quälen willst.

W.

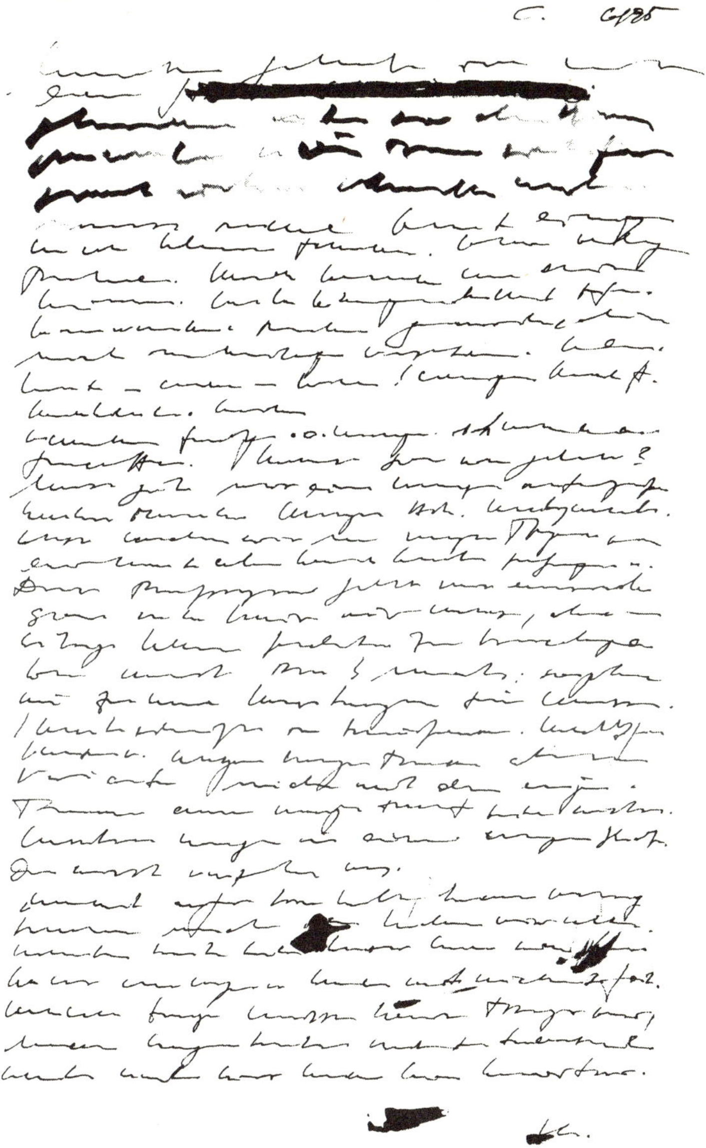
C. 6/85
[redacted]
Kh.

Liebste, Liebling …

Was tue ich hier? Mich dem drohenden Selbstmord entgegenstemmen, wie Dr. Mitchell weiterhin behauptet? Sie hält mich für einen größenwahnsinnigen Versager, der durch die Echokammern seiner Seele irrt, ein bettelnder König ohne Krone, der die Erlösung sucht im Wahnsinn, sie aber nicht findet, und der auch kein Publikum anzieht, wenn er auf der Bühne seine Monologe von sich gibt, er spielt vor leerem Haus, selbst die Türsteher wenden sich ab. Soviel zu dieser Theorie. Hat sie recht, frage ich mich manchmal, wenn ich auf meinem Bett liege? Unzweifelhaft ist, daß sie mich tief zu hassen scheint, mehr als vorher. Am liebsten würde sie aus mir eine weiße Maus machen und mir dann im Rückenmark herumexperimentieren. Dabei würde sie ins andere Atmen kommen, ich bin sicher. Könnte sein, daß ich sie an jemand erinnere, an ihren Vater vielleicht, der sie nicht lieben konnte, weil sie ja kein Junge geworden war wie gewünscht?

Ich halte, was die Katastrophen im Umfeld der menschlichen Seele angeht, keine Übertreibung für übertrieben genug.

Einer, der auch übertreibt, ist natürlich Hemingway, an dem ich aber inzwischen ohnehin das Interesse verloren habe. Seit er die Schreibmaschine in meinem Zimmer entdeckt hat, grüßt er nicht einmal mehr. Seinen Dachschaden möchte ich haben! Er verwechselt inzwischen die Reihenfolge der Jahrzehnte, die er durchlebt hat. Er bringt seine Entwicklung vom Kind zum Mann an den Schnittstellen runder Geburtstage durcheinander. Er ist unheilbar, was ich von mir nicht annehmen will. Aber wäre ich hier, wenn ich nicht an Gewißheiten zu verzweifeln imstande wäre, die mich mehr quälen, als ich sagen kann?

Gut, es geht mir gut hier. Es ist auch immer was los. Ich habe Freiheiten. Fast schon bin ich gestorben, jedenfalls für alle, die mich einmal gekannt, mich angerufen, mich eingeladen oder ausgeladen haben, wie auch immer, mich bewunderten oder verabscheuten, mich ignorierten oder beschimpften, niemand da, der mich um Geld anpumpt, ich werde auch nicht mehr von morgendlichen Joggern nach der Uhrzeit gefragt, mich gibt es nicht mehr. Kein Anschluß unter dieser Nummer. Post kriege ich nur noch von Dir. Und der gute Gobbo, der die Stellung hält, spielt den Dummen. Wenn nicht schon jetzt, werden mich irgendwann endlich alle vergessen haben. Aber nicht darauf warte ich, sondern darauf: wann habe ich alles, wann alle vergessen?

Hier noch mal, bevor ich es vergesse, die Adresse: Hotel d'Inghilterra, via Bocca di Leone, glaube ich, Nr. 14.

Wer mein Doc ist, willst Du wissen? Ein in Gary, Indiana, geborener Italo-Amerikaner, unverheiratet, Vater eines unehelich geborenen Sohnes, lebte allerdings immer allein, wurde Neurologe (ich glaube, er hat noch eine zweite Weiterbildung absolviert als Psychiater), obwohl er Geiger hatte werden wollen – was sein Vater verhinderte, ihm war ein Mediziner lieber als ein Künstler. Aus diesem Grund tut Dr. Bagatella heute nichts anderes als beides gleichzeitig, das eine beruflich, das andere privat. Er ist hier Stationsarzt, betreibt seine Wissenschaft aber als ein »romantisches« Abenteuer, sozusagen künstlerisch. Und mittlerweile hält er das menschliche Gehirn für rätselhafter als die Produktivität eines Mozart. Den er gleichwohl spielt, und das sogar auf einem außerordentlichen Instrument, einer Guadagnini, einer echten, einer (heiliger Tarisio!) mit acht Zertifikaten. Das Ding, hat er mir erzählt, kostet knapp seine zwei Millionen. (Im übrigen: am linken Oberarm hat er eine Narbe, die von einer Bißwunde herrührt, die der Betablocker-Virtuose auf dem Gewissen hat!) Auf meine Frage, wie er zu diesem Stück gekommen sei, antwortete er: darüber war ich selbst am meisten überrascht, als das Testament eines meiner Patienten das teure Stück ausgerechnet mir zusprach. Es gibt schon verrückte Sachen, überlegte er und mußte darüber selbst lachen. Schließlich sieht er seit den Tagen seines Studiums nahezu nur Verrücktes. Übrigens habe ich den Ausdruck, etwas oder irgendwer sei verrückt, vorher nie aus seinem Mund gehört. Er studiert, wenn ich mir das richtig gemerkt habe, das interaktive Universum der linken Gehirnhälfte. Gesundheit, behauptet er, gebe es ohnehin nicht. Es gebe weder Verrückte noch Normale, nur Akute und weniger Akute, also: mehr oder weniger Kranke. Das Geigenspiel, bevor er schlafen geht, besänftigt ihn. Seit Jahren will er sich, wie er sagt, »demnächst auch mal nach einer Frau umschauen«, eine Redewendung, die auf den Korridoren Anlaß zu Witzen gibt. Gleichgültigkeit als Krankheit, darüber hat er als seinem Spezialgebiet gearbeitet. Und genau ihm, stell Dir vor, laufe ich in die Arme, nur weil ein paar Bimbos mit Messern hinter mir her waren und ich mich zur Sicherheit ins nächstbeste Gebäude flüchten mußte. Direkt in die Verschnürung einer Zwangsjacke.

Ist das nun Schicksal oder nur ein interessantes Leben?

W.

[illegible]

Virginia-Reiter-Hospital, NYC

Mein einsamer Liebling!
Der Versuch scheint zu scheitern. Meine Tage hier sind wohl gezählt. Ich glaube, sie schmeißen mich auf die Straße. Kann sein, daß sie das Zimmer für einen wirklich Bekloppten brauchen. Oder die Krankenkasse prozessiert. Oder es hat sich die nägelkauende Domina durchgesetzt. Ich erfahre nichts, verstehe auch nicht die vielen Abkürzungen ihrer Fachsprache (die sagen nicht: Attention Deficit Disorder, was ich mir noch übersetzen könnte, sondern ADD; oder PSE, was Present State Examination bedeutet, diese lästigen halbstrukturierten Interviews mit vorgeschlagenen Sondierungen für alle Symptome), entnehme alles irgendwelchen Andeutungen von Dr. Bagatella, der mit der Sprache auch nie recht herausrücken wollte und der erst aufgab, als ich ihn ziemlich deutlich und auch verärgert über seine Ausflüchte darauf ansprach und auch noch hinzufügte, wie enttäuscht ich von ihm als Gesprächspartner sei. Das hat dann gewirkt. Ich spürte, wie er die richtigen Worte suchte. Mein Fall ist offenbar immer noch unklar, schwierig zu klassifizieren. Außerdem, auch das entging mir nicht, schien es ihm zu widerstreben, aus Rücksicht auf meine Ungeduld mehr zu sagen, als er verantworten konnte. Sie bilden sich ein, fing er schließlich an, sich eine Art Geisteskrankheit einzubilden. Er machte eine Pause, legte diesen ersten Satz wie eine Spielkarte zur Seite und ließ sich Zeit, eine Zigarette anzuzünden und den ersten Zug zu inhalieren.

Um sich zu vergewissern, daß seine Erklärung auch verstanden wurde, nahm er die Spielkarte noch einmal auf: Sie bilden sich ein, von einer Krankheit geheilt werden zu können, die in der Angst besteht, eben jener Krankheit anheimzufallen. Angst in dieser stabilen Größenordnung allerdings ist krankhaft, das gebe ich zu. Und ihr Zustand hat sich, befürchte ich, bisher auch nicht gebessert.

Endlich, endlich kam der Doc zur Sache. Und was tat ich, ich Idiot? Richtig! Ich unterbrach ihn! Nicht einmal jetzt, wo ich ihn soweit hatte, daß er auspackte, und einfach nur aufmerksam hätte zuhören sollen, konnte ich die Klappe halten. War ich noch bei Trost? War ich es je? Was genau ich in diesem Moment von mir gab, weiß ich nicht mehr. Falls es stimmt, daß ich mich in die Obhut von Fachärzten geflüchtet habe, um eine Bestandsaufnahme meiner geistigen Gesundheit durchführen zu lassen, dann war jetzt der falsche Zeitpunkt, in Anekdoten abzuschweifen, die ja meinen Zustand nicht zu einem Befund bündelten, sondern eher vorsichtig verschleierten Geständnissen glichen, die so nutzlos waren wie Vermutungen über meine Zukunft jenseits der Mauern, die mich einschließen. Und selbst wenn sie, ganz im Gegenteil, doch von Bedeutung waren, was hätte ich denn sagen sollen? Die Zukunft einer Zugreise (ich glaube, darüber sprach ich) ist doch nur der nächste Bahnhof – und die Hoffnung, daß dort die Hälfte aller Reisenden samt Koffern und Taschen aussteigt, die Vorfreude, daß man sie los ist, diese Menschenmeute. Während sie alle einfach nur die Zeit bis zu ihrem Ziel verstreichen ließen, dösend, mit Strickzeug oder einer Zeitung beschäftigt, hatte ich Anfälle schrecklicher Eingebungen durchzustehen. Die kleinste Gruppe, zum Beispiel die in meinem Abteil, sah ich in einem unendlichen Raum rotieren, eine Versuchsanordnung, die nichts mit der Alltäglichkeit ihres Lebens zu tun haben konnte und von der niemand etwas zu ahnen schien außer mir. Es nützte nichts, die Dame mir gegenüber häßlich zu finden oder den jungen Mann daneben albern. Ich war zum Spion einer planetarischen Expedition mutiert, die mit keiner Routine vor einem Verhängnis bewahrt werden kann. Der Zug machte plötzlich, was er wollte. Ohne Halt raste er durch die Bahnhöfe. Und es war nur noch eine Frage der Zeit (und der Geschwindigkeit), daß er zum Steilflug ansetzte. Und daß die Dame mir gegenüber beide Hände an ihre Knie preßte, war mehr als ein Zugeständnis an die Sittsamkeit; sie befürchtete wohl schamhaft Schwindelgefühle und, beim Eintritt in die Schwerelosigkeit, eine Ohnmacht, deren Peinlichkeit ihren Tod bedeuten mußte. War mir bisher jedes Gemeinschaftsgefühl mit den Mitreisenden völlig fremd gewesen, so änderte sich das. Die Schallmauer durchbrechend, ließen meine Anfälle nach. Ich akzeptierte die nichtssagende Gegenwart dieser mir unbekannten und gleichgültigen Menschen. Eine kleine Stärkung, dachte ich dann, könnte nichts schaden, stand also auf, verließ das Abteil und begab mich zum Speisewagen. Und dort, eine Zigarette rauchend, saß Dr. Bagatella, noch immer die gleiche Spielkarte in der Hand.

Sie waren, sagte er, das Opfer einer schlechten Woche, als Sie bei uns auftauchten. Sie hatten es satt, weiter in der Welt sein zu müssen. Sie wollten niemand sehen, mit niemandem sprechen, keine Telefonate führen, worüber auch immer, keine Post mehr bekommen und öffnen und lesen müssen, keine Planungen organisieren, Ihren Beruf betreffend oder Ihr privates Leben. Sie wollten, begegnete Ihnen ein Freund oder auch nur ein Bekannter, nicht mehr stehenbleiben, nicht mehr grüßen, nichts mehr erfahren, nichts Neues hören, keine Antworten suchen auf Fragen, die Ihnen gestellt werden, ein Leben ohne Kalender, ohne Verabredungen, ohne Vereinbarungen, ohne Pünktlichkeiten, nicht einmal Gespräche über Geld interessierten Sie noch. Sie wollten vom Erdboden verschwinden, ohne sich deshalb gleich umbringen zu müssen. Alles Lebendige war Ihnen zuwider. Also versuchten Sie, sich gleichsam totzustellen, um sich ein wenig wenigstens die Eigenliebe zu erhalten, ohne die ein Mensch verloren ist. Sie haben getrunken, nehme ich an, vor allem, aber es war das alles andere als ein Vergnügen. Sie näherten sich dem Nullpunkt. Und brachten dabei doch immerhin noch so viel Geistesgegenwart auf, sich als derart verstört zu präsentieren, daß wir Sie erst einmal hier behielten.

Ich schnorrte eine Zigarette und bedankte mich. Ich hatte, fiel mir ein, Protokolle gelesen, daß schizophrenen Patienten Meskalin verabreicht worden war, und machte mir, als ich ihn darauf ansprach, Hoffnungen. Zu gut erinnere ich mich an das erste und einzige Mal und mein Glücksgefühl, sterblich zu sein! Aber er überhörte das.

Sie lieben nichts und niemanden genug. Sie reagieren zwar stark, aber auf Reize, die Ihnen gleichzeitig auch wieder völlig gleichgültig sind. Sie sind so sehr ein Verstandesmensch, daß Sie Ihren Verstand mit Giften traktieren mußten, um jener andere zu werden, der in Ihnen stolz, aber still dahinlebt.

Mir fiel fast die Zigarette aus der Hand. Aber er hatte recht. Ich will nicht mehr eingreifen, nichts planen, nichts besitzen. Ich will wie der Wind sein, unsichtbar, aber unüberhörbar, wenn er durch die Blätter der Bäume geht. Ich will mit keinem Menschen mehr reden. Keiner ist fremd, geschweige denn ein Geheimnis. Alle Menschen wollen Menschen. Sie verbünden sich. Sie lügen. Sie lachen falsch, reden zuviel, protzen laut herum. Sie kommen wie mit Schaufelbaggern und schütten einen zu mit allem, was in ihnen in Unordnung ist. Und siehe da, es ist nichts in Ordnung! Es war auch niemals etwas in Ordnung. Ein liebenswerter Schwächeanfall treibt sie zurück unter die Achselhöhle ihres Beschützers. (Dort planen sie dann den nächsten Überfall in die Welt der Profite, der Anerkennung, der Scheinwerfer.)

Die Menschen werden ihrer Veranlagung, die Erde nicht schöner, sondern dunkler und schwerer zu machen, immer gerechter. Die Erde ist von Menschen schwer, zerstört vom Gewicht ihrer Maßlosigkeiten. Es sind die Nächte noch schwerer.

Doc hat schon recht, wenn er sich um mich so seine Sorgen macht.

Am liebsten wäre mir, ich ginge in die Dunkelheit hinein, in milder Unzurechnungsfähigkeit, unheilbar, unbeteiligt selbst an dieser Diagnose. Ich wollte, als ich begann, mich hier wohl zu fühlen, alles hinter mir lassen, mich selbst auch. Ich wollte einfach nur in einem Zimmer sein. Eine Frau zu lieben, selbst das schien mir eine törichte Gewißheit zu sein. Ich hatte genug. Selbst Dich beanspruche ich ja nur als Hoffnung, wenigstens mit einem einzigen Menschen noch Gedanken auszutauschen. Dabei waren wir immer dann großartig, wenn wir auf etwas wie Gedanken ganz und gar verzichtet haben. Was zwischen uns ist, ist wahr, und hat deshalb den Zauber absoluter Bedeutungslosigkeit.

Dr. Bagatella hat mir vor einiger Zeit darüber mal einen kleinen Vortrag gehalten. Mir sei alles bereits Geschehene wertvoller als das Gegenwärtige. Es liege meiner Natur nicht, wie ein Gesunder leben zu wollen. Ich hätte begonnen, nur noch mit mir abzurechnen. Mit den Masken, dem Gesicht darunter, dem Inneren meines Auges. Es sei zu einer Explosion der Bedeutungen gekommen, die mich tatsächlich, wie er bestätigte, in die Nähe eines beginnenden Wahns getrieben habe.

Ja, denke ich, so wird es sein.

Und wir? Wie wenig glauben wir an die Heilkraft der Harmonie! Du und ich bevorzugen, was Du einmal »die tödliche Kombination« genannt hast. Keine Klagen. Jeder von uns hat für sich allein am Leben zu bleiben. Keine Ausreden. Auch keine Deiner Verzweiflungen würde ich für unausweichlich halten. Es gibt bunte und schwarze Tage. Komm an einem der bunten. Verschwinde, bevor die schwarzen beginnen. Es muß ernst sein, bevor ich mich einmische.

Du liebst mich dafür, dachte ich immer. Und denke es bis heute. Natürlich stelle ich mir vor, wie es sein wird, mit Dir wieder in einem Zimmer. Was tut man in einem solchen Moment, was nicht soviel weniger wäre als alles, was gleichzeitig zu tun wäre? Man tut wahrscheinlich am besten erst einmal gar nichts. Und hat schon das Falsche getan, nicht wahr? Die Entfernung, auch wenn ich Dich im Arm halte, wird in jedem Falle größer sein als die tatsächlich durchlebte Trennung. Reicht Humor, miteinander ins Bett zu gehen? Ein Lächeln, ohne die geringste Bewegung in den Mundwinkeln! Was tun wir also? Spielen wir die Kurzfassung? Schön wär's, schön wie ein Geistesblitz aus dem Tierreich.

Ich sehe Dich in einer römischen Gasse (Rom hat die Katastrophe, die NYC noch bevorsteht, längst hinter sich!) – und verfolge Dich. Du siehst großartig aus mit Deinen schönen Augen hinter der Sonnenbrille. Noch immer von den Männern begehrt, wie ich sehen kann. Einer von ihnen bin ich. Daß ich auf die angenehmste Art auch herausfinde, wo Du wohnst, macht es einfach. Ich werde klingeln. Ich werde Dir von der Begegnung mit mir, die Dir entgangen ist, erzählen. Gut, wirst Du denken, dann hat er es mit mir schon seit Stunden getrieben. In allen Einzelheiten werde ich beschreiben, wie recht Du hast.

Was hast Du vor? Was soll man tun auf der Welt?

Nein, ich lese nichts. Sicher, hier wäre der ideale Ort

für Lektüre, aber ich verzichte. Meine Selbsteinkerkerung ist kein Studienaufenthalt. Ich warte auf den Augenblick, gedankenlos einfach nur wieder einen Schritt vor den anderen zu setzen. Mehr Wahrheit will ich nicht. Was brauche ich mehr als den Mut, rücksichtslos ein einfacher Mensch sein zu wollen.

Gute Nacht, Geliebte.

W.

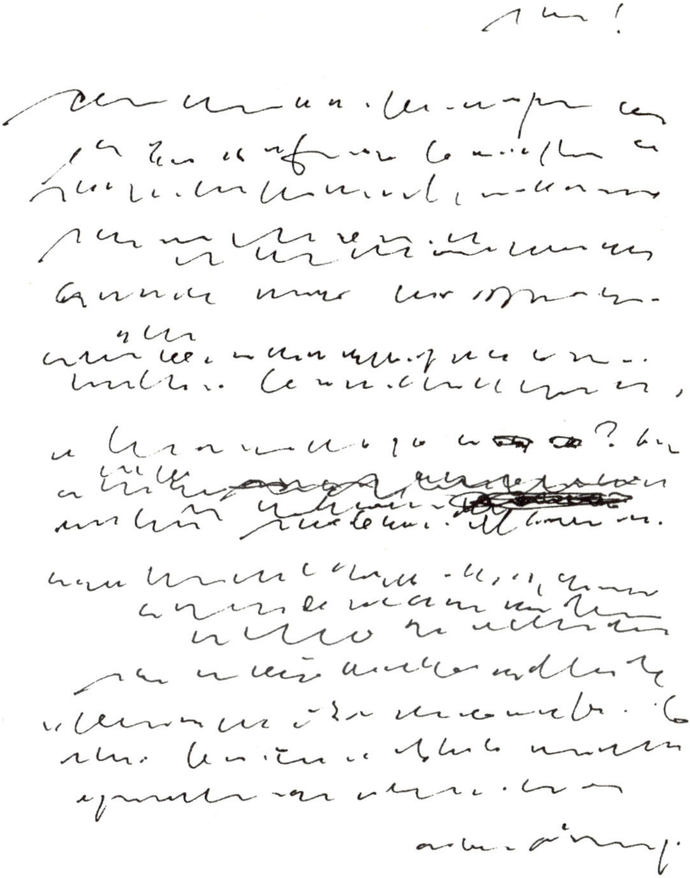

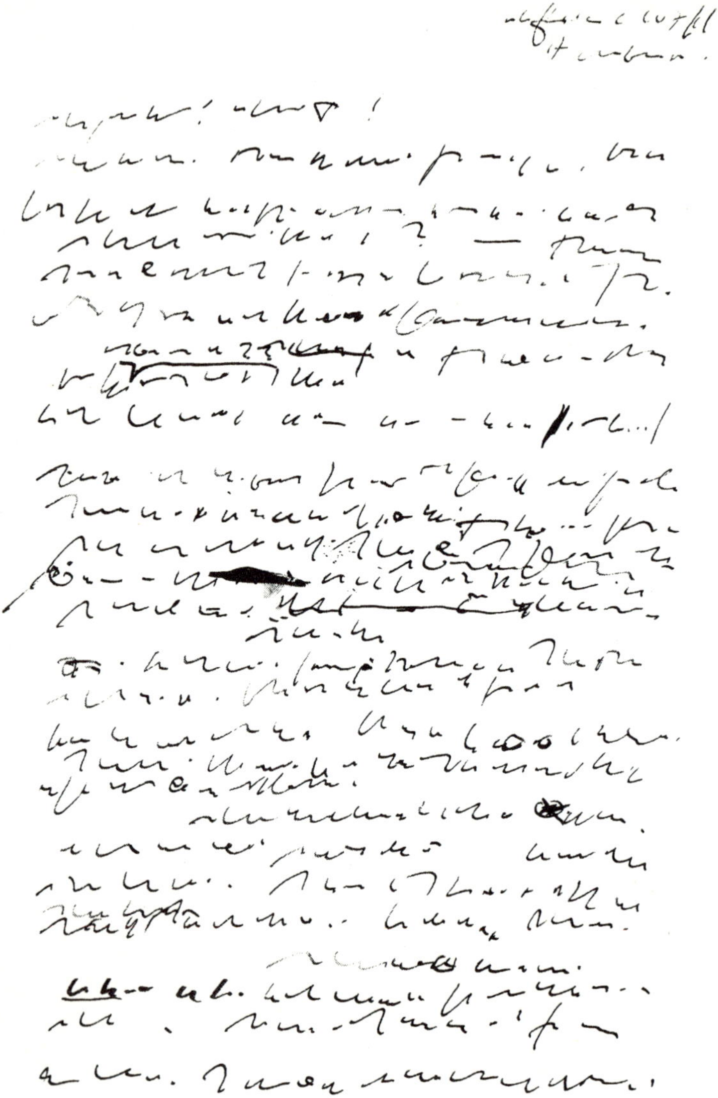

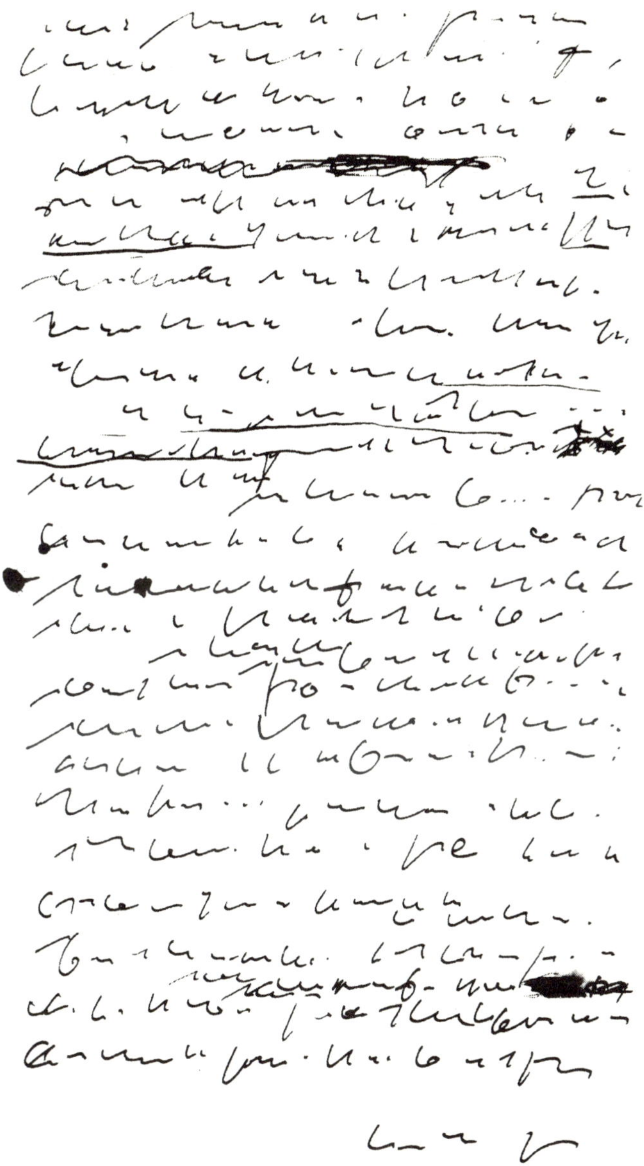

Weine nicht, Liebes, und schreib keinen Unsinn. Beruhige Dich! Wenn Hoffnung besteht, daß Dir wohler ist, umarme eine Frau. Eine, die Dir auf der Straße begegnet und Dir gefällt.

Keine Lust? Nun gut, dann geh duschen! Oder mach das Fenster auf. Lackier Dir, wie wär's, mal wieder die Fußnägel und schau Dir dabei im Spiegel zu.

Du hörst Schubert? Laß es! Das hilft jetzt nicht. Und hüte Dich vor ungeheizten Zimmern, vor Bewegungslosigkeit und Wahrsagerinnen.

Love never makes sex any better. Was sagst Du dazu? Das ist es nicht? Doch, das ist es. Deshalb liebe ich auch die Geschichten (na ja, die Andeutungen), die Du erzählst, um mich zum Kommen zu bewegen. Ob wahr oder erfunden, ich höre alle gern! Um so mehr, als Du nie den Fehler machst, sie in Form von Geständnissen zu kleiden. Verlier nie das Gefühl, ein Verbrechen zu begehen, wenn Du einer Frau, die Dir gefällt, nachgehst.

Meide die Männer. Ihre Mütter haben ihnen seit Jahrhunderten nichts beigebracht.

Ist das Fenster auf?

Keinen Streit, bitte. Laß andere streiten, Liebespaare, Ehepaare. Einige, sei sicher, werden Deinen Weg kreuzen. Ich weiß, Du beneidest sie nicht. Vorzugsweise nicht nachts. Alle sind sie verliebt, bis sie eines Tages mit Entsetzen feststellen, daß sie allein sind. Ich schlage vor, sei ein Engel, sollte Dir danach sein.

Noch immer keine Lust, auf die Straße zu gehen und mit Deinen Pobacken die Welt neu aufzuteilen? Ein Engel sein, das heißt: Du zitterst dabei auch. Auch Du! Wer Dich kennt, wird es zwar für unmöglich halten, aber das Angsthaben hat uns alle. Auch die Frau, die Dir nachschaut.

Das Absolute zeigt seine Schneidezähne. Jetzt ein Wunder. Kein Zirkus weit und breit! Wohin wir fliehen, Feuer! Es brennen Kerzen in Deinem Körper. Umarme sie! Aber sei ein Engel! Frag nichts. Antworte nicht! Hör nicht zu. Schau ihr nur in die Augen. Warte. Kein Augenzwinkern. Sie ist Dein Geschlecht. Warte, bis die Worte, die sie sagt, weniger werden. Warte ihr Schweigen ab. Warte weiter. Es braucht Mut, Engel anzufassen. Es ist immer wieder das erste Mal. Danach?

Auch Du lebst nicht mehr in einem Jahrhundert, wo man auf einem Schiff, das im Hafen liegt, anheuert und davonsegelt – was zu bedauern ist, ich weiß.

Du reißt beim Gehen durch die Straßen Efeu von der Hausmauer, schon wieder unzufrieden mit allem.

Ich muß Schluß machen.

Also spuck den Kaugummi aus und küß mich. Und weine nicht mehr. Geh barfuß, das hilft.

Leben, Leben, Leben singen die Vögel. Katzen hören da nicht lange zu, schon ist es passiert!

Die Geschichte, die gut ausgeht, erzähl ich ein andermal.

W.

HOTEL ORIENT

[illegible]

[illegible]

HOTEL ORIENT
1010 Wien, Tiefer Graben 30
Telefon (0222) 63 03 [illegible] Fax 535 03 40

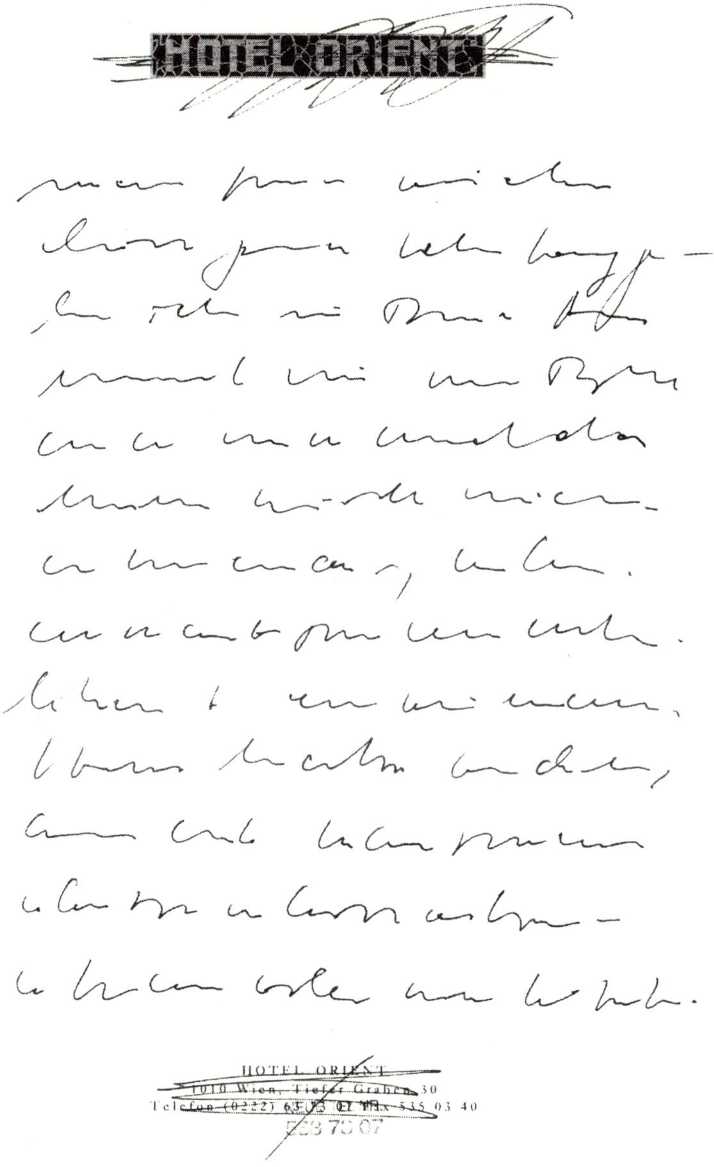
HOTEL ORIENT
HOTEL ORIENT
1010 Wien, Tiefer Graben 30
Fax 535 03 40
533 70 07

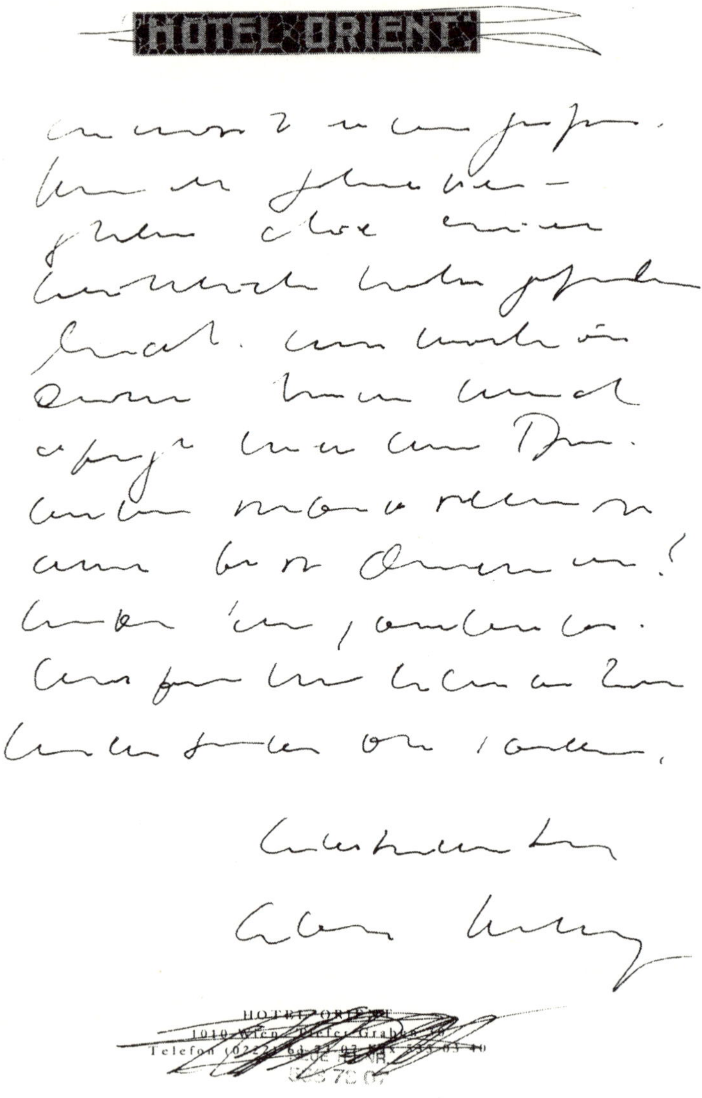
HOTEL ORIENT
1010 Wien
Telefon

Miami Beach, Fl.

Liebste!
Hab ich gelacht über die Bemerkung: »Jetzt kriegt die Lady eins in die Fresse!« Matrosen reden so. Welche Wonnen warten auf mich, wenn Du diese Ausdrucksweise beibehältst.

Im Moment reden über mir die Palmen. Ich genieße ihre Gesellschaft, liege da, höre zu, die Augen geschlossen. Näher kann man der Illusion nicht kommen, man befinde sich auf direktem Weg zurück zur Neugeburt.

Im Haus, in dem ich zu Gast bin, geht gerade eine Ehe in die Brüche. Wieder eine! Und wie immer ist es deprimierend. Es geht mich dann aber doch nichts an. Ich weiß nicht, welchen Anteil die Angst an der Mittelmäßigkeit menschlicher Beziehungen hat, fürchte aber, keinen geringen. Ausdauernde laute Auseinandersetzungen, abgelöst durch provozierend gleichgültiges Schweigen. Das Anwesen, ein Seegrundstück mit einem atemberaubenden Ausblick auf die Skyline von Downtown Miami, ist Gott sei Dank groß genug, um auf Distanz gehen zu können. Und das tue ich.

Obwohl ich nicht vorhatte, wieder mit dem Alkohol zu beginnen, leiste ich dem Freund natürlich Gesellschaft beim immer wieder letzten aller allerletzten Gläser. Ich lasse ihn die Geschichte seines Scheiterns erzählen, lasse sie ihn so oft wiederholen, wie er dazu fähig ist, wobei seine Ausdauer allerdings beängstigend ist. In ihm kocht die Wut, das ist deutlich. Es gab Zeiten (und es waren, wie er sagt, auch die schönsten seines

Lebens), da haben sich allenfalls die Frauen etwas gefallen lassen müssen. Der gleiche Mann sitzt mir, Jahre später, gegenüber, verbittert über Unverständnis, ratlos aus Sentimentalität, hilflos aus Rücksicht auf seine zwei kleinen Kinder, die er liebt. Und jeder neue Versuch, die Sache nüchtern zu betrachten, endet im Entkorken der nächsten Flasche, die wir leeren. Darüber wird dann der Himmel hell. Und die Betrogenen finden noch immer keinen Schlaf und schütteln ihre Köpfe, immer bereit, erneut mit dem Spekulieren auf ein Wunder zu beginnen. Nein, Lizzy, wie seine Frau heißt, ist längst nicht mehr seine hinreichend demütige Anbeterin. Und er nicht mehr der Junge auf der richtigen Straßenseite. Schade um die beiden. Ich mag sie. Ich selbst schaue dem verblassenden Mond hinterher, der sich nicht nur darüber, sondern auch über mich zu langweilen scheint. Mich in dieser Umgebung wohlauf zu fühlen, ist leicht. Sogar der Alkohol nimmt Rücksicht. Ich bin zwar am Ende betrunken, aber die Dämonen hier sind anderweitig ausgebucht. Ich liege Dir zu Füßen und habe die nächsten Jahre nicht vor, etwas anderes zu tun. Ich werde nach Europa fliegen. Und zwar nach Wien, wo ich Dich vermute. Das Spiel kann beginnen. Führt uns die Gunst eines Zufalls zusammen, und um welche Art Zufall wird es sich handeln? Was wäre mehr nach meinem Geschmack: auf irgendeiner Straße, aprikosenkauend in einem der Parks, in der Halle eines der teuren Ringhotels oder auf der Stiege einer Absteige? Kann ich es mir aussuchen? Du allein oder in Begleitung? Lachend oder nachdenklich? (Du hast immer ungern gelacht, weil es, wie Du annimmst, Deine Augen klein macht!) Bist Du gerade beschäftigt oder flanierst Du? Finde ich Dich an eine Hausecke gelehnt? Auf einer Terrasse sitzend und in einem Buch blätternd? Nein, ich hab's, Gipfel meiner Machtlosigkeit: als Fahrgast einer Straßenbahn, der ich nachschaue! Immerhin denkbar, Du hättest mich auch gesehen. Nein, glaube ich nicht, Du hättest Dich sonst umgedreht! Hast Du nicht! Welcher Regisseur verlangt nun von mir, zur nächsten Haltestelle zu rennen, die Bahn einzuholen und nach Dir zu suchen? War es der gleiche, der Dir befahl, Dich in Luft aufzulösen? Ich bleibe zurück, über weitere Zufälle unserer Begegnung nachsinnend. Dabei lerne ich immer mehr über das, was alles ich Dir zutraue. Auf meinem Heimweg hinauf in den 9. Wohnbezirk traue ich Dir zu, daß tatsächlich Du mich, ich aber Dich noch nicht gesehen habe. Daß Du es bist, die mir folgt, die den Zeitpunkt bestimmt, das Spiel zu beenden.

Es hat mich immer stolz gemacht, wie verliebt Du warst in mich. Ich tat ja nichts, um Dich haben zu wollen. Ich tat weniger als nichts. Wie faul ich war! Und ich hatte Ansichten. Ich suche nach einer Erklärung für Deinen Entschluß, mich immer noch haben zu wollen. Ich finde keine. Ich bin unverbesserlich, ich weiß.

Mag sein, Du übertriffst mich, was Sturheit betrifft. Aus allen Deinen Briefen geht hervor, nicht nur, daß Du mich liebst, sondern vor allem, wie sehr Du es tust. So sicher möchte ich meiner Gefühle auch mal sein, und in der Stimmung, sie offen zu bekennen. Rauf damit aufs Papier! Und Briefmarken drauf. »Ob ich mich verliebe, braucht Dich nicht zu kümmern.« Wieder so ein Satz mit Salzgeschmack. Soll ich Dir was sagen? Ich nehme an, es gibt außer mir noch andere Jungs auf der Welt. »Übertreib mal nicht, Mister Meschugge!« Also gut! Trotzdem haben ich und mein Mister Meschugge für genügend Gründe gesorgt, daß Du uns beide an die frische Luft setzt. Auch ohne Abschiedsbrief! Einfach auf und davon. Mal sehn, ob die Erde rund genug ist, um einander wieder mal in die Arme zu laufen.

»Wo liegt Dein Problem?« schreibst Du. »Die Suche, die zur Sucht wurde. Ist das alles? Daß Du danach süchtig bist, ist nicht neu, mein Lieber – was mich aber nie gehindert hat, Dich für den Kerl zu halten, den ich haben will. Und – hör zu, Arschloch! – immer noch haben will! Ich bin nur allmählich stinksauer, Dich womöglich nie mehr lachen zu sehen.«

Dann habe ich die Wand angestarrt vor Verlegenheit. »Dein wildes Herz, bring es heil heim, bitte!«

Auf einem Hügel in den Albaner Bergen sah ich das steinerne kleine Haus stehen. Ich habe an den Jungen gedacht und den Traum, der für ihn wahr wurde, noch bevor er sich richtig daran gewöhnt hatte, Schuhe zu tragen. Und an mein Bedauern, gerade diese Geschichte nicht geschrieben zu haben. Aber warte, ich bin schon in Miami! Und von dort gibt es jede Menge Direktflüge.

Die Welt ist eine Tatsache, das gebe ich zu, und sie bleibt wohl, trotz meiner Dementis, eine, aber die Illusion, es gäbe ein Entrinnen vor ihr, war süß. Ich vergaß die Sonne. Sollte sie ohne mich auskommen! Ich vergaß NYC, die Kunst, die Literatur, die Frauen, auch die unvergeßlichen darunter. Meine Freunde dort im Virginia-Reiter-Hospital hatten verblüffende Einsichten und Talente. Sie sprachen mit Toten, mit Steinen, ja mit dem einen oder anderen Stück Papier, das herumlag. Sie sprachen mit der Luft, die sie atmeten. Beschäftigungen, die ich jedem Gespräch vorziehe. Mit allem Unsichtbaren waren sie vertraut wie Kinder. Und sie waren sanft. Wie sanft sie waren!

Wie leicht es hier war, dumm zu sein! Niemand störte sich daran. Auch daran nicht, daß einer es vorzog, seinen Tag tanzend zu erleben. Sie malten Blumen, um ihren Duft riechen zu können. Es lagen Tagesreisen zwischen Stuhl und Tisch. Nahmen sie einen Bleistift zur Hand, wurde er ein Finger. Der Schnee, der fiel, bestand darauf, grün zu sein. Was wir Einsamkeit nennen, war keinem dieser Einsamsten ein Begriff. Sie sind, auch allein, immer in Gesellschaft. Und kaum einer hätte seinen Tabak verwettet, am nächsten Morgen tatsächlich noch die gleichen zwei Hände vorzufinden, ja überhaupt noch Hände. Nichts erheiterte sie mehr als Nachrichten von Katastrophen. Blieben entsprechende Nachrichten aus, wurden sie erfunden. Alles Erfundene war real. Komisch war nur, daß sie eifersüchtig waren. Und sich einzumischen konnte gefährlich sein (siehe die Narbe auf dem Arm von Dr. Bagatella, der ein einziges Mal unvorsichtig genug war, seinen Geigenkasten mit zur Arbeit zu bringen). Der Ex-Geiger drehte, als er ihn den Gang hinuntergehen sah, durch, stürzte sich in einem Anfall akuten Wahnsinns auf ihn, die Zähne so scharf geworden, daß sie mühelos durch den leichten Regenmantel, den er trug, und das wollende Hemd darunter gingen.

Und was für eine Aufregung in ihren Herzen über die geringste Ungerechtigkeit!

Nie zuvor hatte ich faszinierendere Nachbarn. Nur dort, denke ich, ist es erlaubt, mit so vielem, wenn nicht gleich mit allem ein Ende zu machen – und zwar, ohne gleich tot sein zu müssen. Jeder um mich herum, das Personal ausgeschlossen, war auf seine Weise für mich ein Lehrer. Vor allem, wenn es um Details ging. Wie mußte ein Gegenstand auf dem Tisch liegen, damit nicht gleich die ganze Welt umkippt? Da gab es einen, der die Farbe seines Atems zeichnete. Ein anderer war damit beschäftigt, das passende Wort für die wechselnden Schattierungen der Luft in ein Heft zu notieren, was ganz wundersame Tabellen poetischer Erfindungen ergab – allerdings hätte er, was ich ›poetisch‹ und ›Erfindung‹ nenne, keineswegs gelten lassen, da er die Sache vom mathematischen Standpunkt aus betrachtete und nichts erfand, sondern lediglich feststellte. Die Spezialität eines dritten Patienten war gewesen, Stimmen und Geräusche nachzuahmen; wollte man von ihm wissen, was er da gerade imitierte, gab er bereitwillig Auskunft über den Ort, das Datum, die Stunde des betreffenden Tages, die Wetterverhältnisse, an die er sich in Zusammenhang mit der eben verklungenen Stimme oder dem gerade gehörten Geräusch erinnerte. Um wieviel war jeder von ihnen mir voraus an Phantasie, an Stolz und Hartnäckigkeit? Mit welcher Sorgfalt ging Mr. Ouglok zu Werke, bis er den Faltenwurf seines elfenbeinfarben gepunkteten Einstecktuchs mit jener nachlässig sich aufbauschenden Fülle versehen hatte, die ihm gefiel, weil sie ihn an Zeiten erinnerte, wo er die gleichen Handbewegungen mit genau derselben Pedanterie ausgeführt hatte, bewundert von seiner Frau, die für einen Moment ihre Sorge vergaß, ob er auch die Tickets eingesteckt hatte, gültig für die Schiffsreise, die sie beide in wenigen Stunden antreten würden, und ihm sogar die Frage ersparte, ob sie, obwohl Sommer war, in Europa ohne einen ihrer Pelzmäntel auskommen konnte. Aber nicht nur diese Angewohnheit hatte er beibehalten, obwohl seine Frau nicht mehr am Leben und die jährliche Expedition durch die Kirchen und Museen (vorzugsweise in Italien) Erinnerung war. Europa war unerreichbar geworden, es sei denn, Mr. Ouglok hatte Glück und fand einen, der ihm zuhörte. Ich war neu und nicht schlecht verblüfft, als er mir zum ersten Mal die Hand auf die Schulter legte, sich vorstellte und übergangslos die Arbeit der Erinnerung in Gang setzte, und zwar mit folgender, an mich gerichteter Frage: »Wissen Sie, junger Mann, was an einem Sonntagabend im Mai 1876 passiert ist?« Er ließ mir gerade mal einige Sekunden Zeit, bevor er mir die richtige Antwort anvertraute. »Anna Karenina warf sich vor den Zug!« Ich befürchtete schon, er bringe mich in die Verlegenheit, ihm glauben zu müssen, er sei Augenzeuge ihrer Verzweiflungstat gewesen, womöglich im Status eines nahen Verwandten der Unglücklichen, was er mir jedoch ersparte. Er schweifte sofort weiter ab, nannte mich immer wieder ›mein Junge‹, verliebt wie er noch immer in seine Frau war, ließ er sie lebendig werden und erzählte davon, wie sie russische Romane in die Überseekoffer stopfte, mit welch grandioser, gleichwohl immer aber höflicher Selbstverständlichkeit sie auf allen Bahnhöfen Europas die Gepäckträger auf sich aufmerksam machen konnte, wie klein sie wirkte unter den Kuppeln der Eingangshallen altgedienter Hotels, wie sie, wo immer sie waren, immer zuerst die Fenster öffnete, während er nicht anders konnte, als die Badezimmer zu inspizieren. Sie war vom Glück, angekommen zu sein, überwältigt wie jenes junge Mädchen, in das sich Mr. Ouglok auf den ersten Blick verliebt hatte.

Es dauerte eine Zeit, bis er wahrnahm, daß seine Hand nicht auf ihrer, sondern auf meiner Schulter lag. Er entfernte sie, als sei ihm plötzlich unwohl. »Es tut mir für Sie leid, junger Mann«, teilte er mir mit, »aber die Zeit der großen Bordelle und der großen weißen Schiffe haben Sie verpaßt.« Seine Augenbrauen zitterten. Sein Bedauern galt nicht mir, sondern der Gewißheit, eingesperrt zu sein, allein, endgültig.

Mr. Ouglok wurde ich danach nicht wieder los. Er nahm mich in Besitz. Ich fing an, von ihm zu träumen. Er geisterte durch meine Gedanken. Er selbst geisterte leibhaftig durch meinen Alltag. Auf einmal war er allgegenwärtig, und das in zunehmend beunruhigender Weise.

Zuerst störte mich das aber nicht im geringsten, im

Gegenteil; ich hatte ja jede Menge Zeit, ihm als Zuhörer gefällig zu sein, wenn er von der Vergangenheit sprach, vom vergangenen, untergegangenen Europa, von den Schiffen, die dort anlandeten, vom Komfort der Züge, mit denen man die Reise dann fortsetzte, vom Volumen der Bahnhöfe mit einem stets dienstbereiten Personal, vom glanzvoll funktionierenden Service in den Hotels, in denen sie abzusteigen pflegten, nicht wenige davon mit dem beruhigenden Hinweis goworim po russki, man spräche russisch, auf dem Pult der Rezeption und, natürlich, vom innigen Zusammensein mit seiner Frau. Ich hatte da einen in jeder Hinsicht faszinierenden Mann vor mir, das außergewöhnlichste Exemplar eines Insassen, wortgewandt, kultiviert, belesen ebenso wie bescheiden. Außerdem war er irgendwie geheimnisvoll.

Heute, wo ich mehr über ihn weiß, ist meine Beunruhigung sogar noch stärker geworden. Und sie hält unvermindert an, was mir angst macht. Sie klingt nicht ab, nicht einmal hier unter den Palmen südlich der Mangrovensümpfe. Ich trage ihn mit mir herum, ohne die Last einschätzen zu können, die er darstellt.

Stell Dir einen liebenswerten, immer zuvorkommenden älteren Herrn vor, altmodisch höflich, mit dem gutmütigsten Gesichtsausdruck auch dann, wenn er nur irgendwo im Flur herumstand und die blanke Wand anstarrte. Selbst dabei strahlte er Freude und Freundlichkeit aus. Ihm schien angeboren, sich wohl zu fühlen. Ein grundgütiger Mensch! Ich denke, jeder sechsjährige Knirps müßte sich glücklich schätzen, so einen zum Großpapa zu haben – und jedes von den Umständen des Erwachsenwerdens verwirrte junge Mädchen auch. Ihm traute man einfach zu, daß es nichts gab, was er nicht wußte. Und gleichzeitig konnte er mit einer einzigen kleinen, fast unauffälligen Drehung des Kopfes seine Bereitschaft andeuten, niemals etwas besser wissen zu wollen als jeder andere, der ihm widersprach.

Er hatte die Ruhe weg, wirklich. Kein Gespräch wurde durch Ungeduld unsanft beschleunigt. Obwohl neugierig, verführte ihn seine Neugier nie dazu, sich einzumischen. Kompromißlos umständlich wie er war, gestand er doch jedem das Recht zu, es eiliger zu haben als er. Mir war unklar, welche Krankheit ihn befallen und welchen Verfall diese Krankheit in ihm angerichtet haben könnte. Waren wir allein und unterhielten uns, hatte ich immer das Gefühl, als lausche ich als zufälliger Zuhörer einer Konversation, die er nicht mit mir führte, sondern mit jemand, den ich weder sehen konnte noch je zu hören bekommen würde.

Offenbar sprach er immerzu mit der gleichen Person. Immer nur mit ihr, seiner Frau. Ihren Namen erwähnte er nie, nannte sie immer nur »meine Liebste«, benutzte aber darüber hinaus eine solche erfinderische Fülle von Kosenamen, daß ich annahm, er schreibe insgeheim Liebesgedichte oder rezitiere Auswendiggelerntes. Die Stationen ihrer zahllosen Reisen durch die Länder des Mittelmeerraums waren, wenn er mir davon vorschwärmte, nicht die Orte gleichen Namens auf einer Landkarte, sondern Orte eines inneren Glücks;

selbst die Landschaften, die er erwähnte, hatten die Umrisse einer Umarmung.

Wie muß dieser Mann geliebt haben. Wie liebte er noch immer!

Dann – halt Dich gut fest, Liebste! – steckte mir Dr. Bagatella, daß er sie ermordet hat! Zur Tatzeit sei er bereits einundsiebzig Jahre gewesen.

Dann muß sie krank gewesen sein, unheilbar krank, und seine Tat eine barmherzige Handlung. Der Doc widersprach, er kannte den Sachverhalt. Die Frau sei, wie die Befragung ihres Hausarztes und danach eine Obduktion ergeben habe, gesund gewesen.

Hat sich Mr. Ouglok im Prozeß geäußert?

Nein, mit keinem Wort. Er schien, wie Bagatella versicherte, die Tatsache, daß seine Frau tot war, zwar zu akzeptieren, alles übrige aber war ihm entfallen. Eine Erinnerung an seine Tat sei bis heute bei ihm auch nicht zurückgekehrt.

Ich dachte, man habe mir eine Spritze verpaßt, die mich lähmte. Ich bekam statt dessen einfach nur einen schweren Fieberanfall, lag die ganze nächste Woche nur im Bett, wagte wegen schlechter Träume, die mich heimsuchen könnten, nicht einzuschlafen, schlief natürlich doch irgendwann ein – und es quälte mich der Schlaf bis zum Aufwachen.

Hatte er getötet, um sie noch mehr, noch intensiver, noch radikaler, noch totaler, noch liebevoller lieben zu können? Um sie lieben zu können, wie er sich das vielleicht immer nur erträumt hatte? Wußte er also, was er tat?

Bagatella kannte den Fall, wie gesagt, genau. Seiner Meinung nach war das Urteil, ihn nicht für den Mord zur Rechenschaft zu ziehen, nicht jedenfalls durch die Inhaftierung in einem Gefängnis, richtig. Er hatte den Verstand verloren, mehr nicht.

Mr. Ouglok lieferte auch mir keinen Anhaltspunkt, aus dem ich hätte schließen können, daß er sich doch an die Tat zu erinnern vermochte, wie undeutlich auch immer. Seine Heiterkeit hatte keine Beimischung zwanghaften Verhaltens. Er wirkte so normal wie viele, denen ich außerhalb dieser Mauern begegnet bin. Trotzdem mußte ich immer wieder seine Hände anstarren, weil ich annahm, er habe seine Frau damit erwürgt. Ich beobachtete die Augen. Einige Tage lang ließ ich keine Gelegenheit aus, ihm die Hand zu schütteln, und das nur deshalb, um den Händedruck auf mich wirken zu lassen. Viel hatte er, wie vorauszusehen war, nicht zu bieten an Kraft und Entschlossenheit. Es war nicht seine Art, die Muskeln spielen zu lassen. Der ganze Mann schien der Geschichte, die man über ihn erzählte, zu widersprechen.

Was aber konnte die Erklärung sein? Ich weiß es nicht, bis heute nicht. Und grüble doch ununterbrochen (auch jetzt noch) darüber nach. Kam ihm, dachte ich vorhin, bevor ich mich hinsetzte, um Dir zu schreiben, kam ihm sein normales, wenn auch glückvolles Leben zweitrangig vor? Suchte er ein anderes, das sich ins Maßlose steigerte? War er dem Wahn verfallen, Liebe durch Mord zu verewigen, gewissermaßen ungestörter, als er das zu ihren Lebzeiten hätte tun können?

Sie war zum Gegenstand seiner Gedanken geworden, zum einzigen, alles beherrschenden Objekt der Phantasie, ein Sternenbild der Anbetung. Befreit von allem Vergänglichen, war er mit ihr noch unauflösbarer verbunden als im Schlaf. Ist es nicht seltsam, daß er recht haben könnte? Findest Du nicht, daß ich einen passablen Verteidiger vor Gericht abgegeben hätte? Dabei wäre dann auch diese silberne Schminkdose zur Sprache gekommen (ist sie ja auch, wie Dr. Bagatella bestätigte), die mit vier eingravierten Buchstaben. Er hat sie nicht nur mir, sondern jedem gezeigt. Was für ihn eine geheimnisvolle Botschaft auf einer Reliquie gewesen sein muß, behandelten die anderen schlichtweg wie ein Kreuzworträtsel. F P W A – wenn es nicht einfach nur die Initialen eines Namens waren, was bedeuteten diese Buchstaben dann?

Ich war dabei gestanden, als der Betablocker-Virtuose, natürlich unter allgemeinem Gelächter, mit den Buchstaben kurzen Prozeß machte. Frauen pissen wirklich anders. Wie gütig Mr. Ouglok diesen Unfug überhörte. Dann peitschten Feuerbrände wilde Atemzüge und frierende Pinguine wollten arbeiten. Das war der Blondschopf mit dem Engelsgesicht, der sonst nie was sagte. Frühling plappert wortreich alles. Fürchte Pracht, Worte auch. Es meldeten sich alle einmal zu Wort, steckten die Köpfe zusammen und amüsierten sich ausgelassen auch dann noch weiter, als Mr. Ouglok die Dose längst wieder in seiner Jackentasche hatte verschwinden lassen. Flauberts Passion waren Amaranten. Ich hatte den knochendürren Patienten noch nie zuvor gesehen, der sich offenbar für französische Literatur begeisterte. Hemingway sagte nichts, nickte lediglich beiläufig, als der Ex-Geiger dem Spiel mit der Bemerkung ›Frauen pusten Wunder aus‹ ein Ende machte.

Der einzige, dem nichts, jedenfalls nie das Richtige einfiel, war der Besitzer der Dose, Mr. Ouglok persönlich. Was er da auf dem Flur alles gehört hatte, war dummes Zeug, ein Zeitvertreib bestenfalls. Mit der Botschaft, die mit den Buchstaben angedeutet war und nach deren Sinn er suchte, hatte das jedenfalls nichts zu tun. Außerdem: seine Liebste verabscheute Spiele dieser Art, konnte Aphorismen nicht ausstehen, wie er mir versicherte. Kosenamen, und das auch nur aus seinem Mund, waren alles, was sie an Poesie duldete. Aber wie sie Romane und Geschichten immer verschlungen hatte! Und wie Mr. Ouglok, wenn er mir davon berichtete, in Aufregung geriet. Dann redete er noch leiser als sonst. Auch dann wurde er nicht hörbar lauter, wenn er die Liebste rücksichtsvoll dafür tadelte, ihm nicht wenigstens irgendeinen kleinen Hinweis zur Entschlüsselung hinterlassen zu haben. Aber auch so strahlte er überzeugend die Zuversicht aus, dem Geheimnis näher zu sein als jeder andere Erdenbewohner.

Noch etwas, Liebste. Wie oft habe ich ihn dabei beobachtet, wie er mit der flachen Hand über die Dose und die Gravur strich. Und immer habe ich mir vorgestellt, daß irgendwann, in einem knappen Jahrhundert vielleicht, nichts mehr von den Buchstaben übrig sein würde, sie wären verschwunden, eingestrichen in die nunmehr wieder vollkommen unversehrte, glatte Oberfläche einer einfachen silbernen Schminkdose, ohne eine Andeutung davon zu hinterlassen, was sie hatten sagen wollen.

Ein Krümel Chemie sind wir? Nun gut, dann nimm mich in die Obhut Deiner Handflächen und vermische mich mit Deiner Spucke. Tun das nicht Liebende? Nein?

Meine Freunde waren wahre Meister solcher symbolischen Zeremonien. Verzichtet haben sie nur aufs Praktische. Und noch etwas können sie. Es sind allesamt Virtuosen kleiner Scherze. Einem flog mal beim Gähnen eine Fledermaus aus dem Rachen.

Und doch! Irrenanstalt bleibt Irrenanstalt! Versuch, eine kleine Pokerrunde zusammenzubringen. Fehlanzeige. Am Abend eine Flasche Wein, und sei es einen drittklassigen, aufzutreiben. Unmöglich! Oder mal eine Frau. Ausgeschlossen! Selbst wenn Du mich dort besucht hättest, glaub nicht, es sei Zeit gewesen auch nur für einen Kuß. Ich dachte immer, ohne einen anständigen Kaffee kann ich nicht leben. Kann ich auch nicht, wie sich herausgestellt hat. Aber ich lebe noch. Der Parmesan zu den Nudeln kam aus der Dose. Blumenkohl schmeckte nach Kohl, nicht nach Blumen. Und das Brot mußten sie aus Altpapier gebacken haben.

Wären Sie zu einem Mord fähig? Du kennst die beliebte Frage. Ich habe sie stets verneint, bis mich Mr. Ougloks Geschichte bis in mein Herz hinein verwirrte.

Natürlich hätte ich auch Dr. Mitchell gern in Spiritus ertränkt und verkorkt. Aber das alles ist nicht das Schlimme. Das Schlimme ist, daß du niemals das Lachen eines Kindes hörst. Das Schlimmste ist ein Ort, wo nie ein Kind geboren wird, niemals.

W.

Ich bin Dir noch die Einzelheiten meiner Flucht aus der Klapsmühle und meines Verschwindens aus NYC schuldig. Ich nutzte, um mich abzusetzen, einen Besuch bei den Monets im MOMA, worum ich Dr. Bagatella bat, der mich dorthin begleitete. (Ich hoffte natürlich, leider erneut vergeblich, wie sich dann herausstellte, endlich das Original der Fischerhütte bei Vareugeville zu Gesicht zu bekommen, und hatte ihm die ganze Zeit über gehörig davon vorgeschwärmt.) Voll, wie es dort war, war es kein Problem. Ich ließ alles, sogar die Zahnbürste, zurück. Eingesteckt hatte ich, in der Innentasche meines Jacketts, nur Deine Briefe. Ich stand zum ersten Mal seit langem wieder auf einer Straße. Überlegt hatte ich nicht viel. Ich wußte nur, daß ich erst einmal nach Miami wollte, wo ein Freund mich immer willkommen heißen würde. Es blieb nur die Frage offen, wovon die Reise zahlen. Gobbo zu informieren erschien mir zu riskant. Ich wollte nicht wieder eingefangen werden. Wie aber sonst an Geld kommen? Plötzlich erinnerte ich mich an eine Geschichte, die, ich glaube sogar, es war Gobbo, mir einmal erzählt hatte. Er war pleite und hatte den erstbesten Bekannten, den er traf, mit der Bemerkung angehauen: »Weißt du eigentlich, daß du mir noch Geld schuldest?« Damit hatte er, stell Dir vor, Erfolg! Der Typ wußte zwar nicht, wie ihm geschah, aber er sah ein, daß es immerhin sein könne und gab ihm die Kohle. Nun gut, ich setzte mich also im Village ins

»Dante« und wartete ab. Nach nicht einmal einer Viertelstunde tauchte mein erstes Opfer auf, nach wiederum einer Stunde das zweite, nach dem dritten hatte ich genug, um abends den Nachtflug nach Miami buchen zu können. Endlich! Adieu, NYC! Schluß damit! Mit Dr. Mitchell, mit Virginia Reiter, mit allen, vor allem mit Dr. Bagatella, der selbst wohl halb durchgedreht sein muß inzwischen, denn er soll eine (sechzigjährige!) Cellistin, mit der er in einer kammermusikalischen Vereinigung musizierte, vergewaltigt haben (was ich von Gobbo habe, der es in einer Zeitung las!). Tatsache ist, daß sie ihn vom Dienst suspendiert haben. Mein Zimmer im »Reiter«, dachte ich bei mir, steht frei, soll er dort einziehen! Schluß mit den Krokodilen, dem schlechten Essen, mit den drei Buchstaben der Stadt, diesem aufgeplatzten Gehirn mit seinen aufgerissenen Augen, grell auf die Halbkugel der enthäuteten Schädeldecke projiziert.

Ein Wahnsinniger ohne Wahnsinn, das war, das bleibt alles, was ich bin. Damit finde Dich ab! Auch damit, daß es in meinem Kopf zugeht wie auf Kinderzeichnungen, wo sich das Kleinste grotesk ausdehnt, das Große schrumpft und alle Ähnlichkeiten austauschbar sind. Nie gibt es ein Zentrum, nie einen Anfang, keinerlei Schlußfolgerungen und auch sonst nichts, was auf herkömmliche Weise logisch wäre. Sie sind voller Poesie, stimmt! Was aber, wenn sich mein Kopf auf die ihm angeborene Entfernung einstellt und sich an die Entzifferung der Linien macht? Wenn er die Intimität der Kreise, Spiralen und Farbkleckse antastet? Und sich die Finger des gerade noch mit dem Zeichnen und Malen beschäftigten Kindes längst damit abmühen, in der Nase zu bohren?

Ich applaudiere der Art, wie Du mich beschimpft hast. Ganz die alte Matrosenart.

Nicht mit mir, Du ignorantes Arschloch (wunderbar, weiter so!). Was soll das? Schluß mit dem melancholischen Frohsinn! Und was soll das heißen: Dein Spiegelbild auf Ozeanen? Für einen Stubenhocker, wie Du einer bist, zumindest ein gewagtes Bild! (Großartig! Du machst Dich gut mit Peitsche!) Und dann, mit veränderter Tonlage, die Bitte, zur Besinnung zu kommen – und wenn schon Ozean, dann zum Luftholen mal an der Oberfläche erscheinen! Du hast es satt? Verstehe! Und noch eine Spur deutlicher. Ich will nicht irgendeinen ficken, sondern Dich! (Warte, bis ich in Wien ankomme!)

Was aus meiner New Yorker Wohnung werden wird (die meiner toten Freundin), willst Du wissen? Die habe ich Gobbo versprochen, unter der Bedingung allerdings, daß er alle Dinge regelt, vor allem alle mit meinem streitbaren Hausbesitzer, so daß ich mich um nichts mehr zu kümmern habe. Er wird auch auf mein Eigentum aufpassen, wenn dieses Wort nicht lächerlich wäre und völlig unangemessen bei den wenigen Gegenständen, die ich zurückgelassen habe und die tatsächlich mir gehören. Etwas Wäsche, versteht sich, die er benutzen soll, wenn er will. Nicht viel mehr als drei Dutzend Bücher, die er, wie ich ihm vorschlug, beim Antiquar um die Ecke zu Geld machen soll. Bleibt die

Reiseschreibmaschine! Zum Teufel damit! Bleibt die kleine Palme, die ich wiederhaben will, die aus Zinn, die Du mir geschenkt hast. Irgendwo steht noch ein kleiner Karton (von Brooks Brothers) mit Fotos. Weg damit! Meinen Paß hatte mir Gobbo bei seinem letzten Besuch schon mitgebracht.

Heute morgen habe ich mit ihm am Telefon gesprochen. Für mich, sagte er, sei ein Brief angekommen. Einer von Dir, noch einer? Glaube ich nicht, sagte Gobbo, es klebt eine US-Marke auf dem Umschlag und abgestempelt ist er hier.

Mein Gott, mein guter, guter Gott, flehte ich. Sie wird doch nicht in New York sein, nicht gerade jetzt! Ich bat Gobbo, den Brief zu öffnen. Er ist von Bagatella.

Nun bin ich natürlich neugierig!

W.

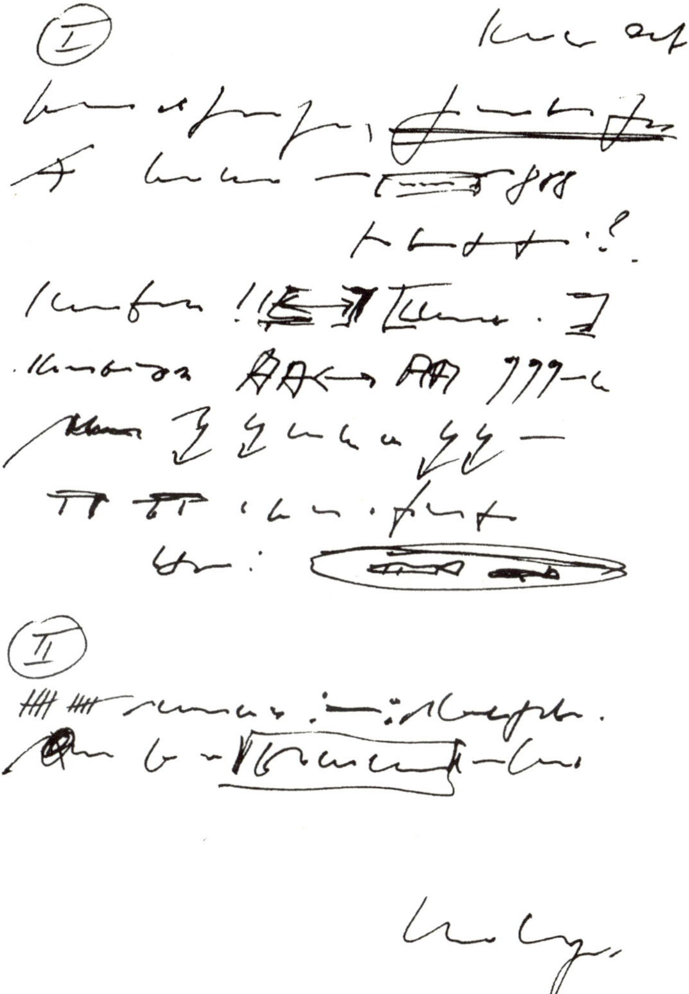

La Gorce Island, Miami Beach

Seit fast einem Jahr nun schon Deine Briefe. Und Deine unerklärliche Geduld! Fast schon gehörst Du ins Reich meines Aberglaubens. Eine Frau, hingebungsvoll, dabei völlig selbständig, unergründlich ebenso wie scharf und direkt, so klug wie unvernünftig, unabhängig und anteilnehmend gleichermaßen? Eine Frau, die mir die Hand küßt, und das (auch vor den Augen anderer) unbeeindruckt vom Unverständnis für diese Geste Deiner Zuneigung zu einem, der nicht den Ruf genießt, ein bis ins Herz hinein höflicher Mensch zu sein. Du, Gegenstand noch immer meiner Begierde, meiner Achtung und Bewunderung. Du bist diese Frau! Nichts zu ändern! Ich werde mich damit abfinden, obwohl ich unverdientes Glück, noch dazu in diesem Ausmaß, für eine Zumutung halte. Warum ich der Glückliche? Ich, der ich nie glücklich sein wollte, sondern gefährlich? Liebhaber, Liebste, sind nicht zum Liebhaben da. Bestenfalls spüren wir das Leben wieder als rohe, aufgerauhte Materie, als ein Leben, das noch nicht durch Gewöhnung kaputtgegangen ist oder durch Ehrgeiz hemmungslos abgetötet wurde, noch nicht ranzig geworden durch übertriebene Begeisterung den eigenen Gefühlen gegenüber. Kälte konserviert. Lassen wir also, was Liebe ist (oder sein mag). Es ist ja nur ein Menschenwort. Wie aber Deine Geduld erklären? Ich nehme an, für Dich hat das letzte der neun Leben der Katze begonnen. In welcher Phase der Wiedergeburt dagegen ich mich befinde, soll dahingestellt bleiben. Meine Einsicht ins Unabänderliche ist noch immer von geringem Wert. (Mich macht schon lebensmüde zu wissen, daß jede Woche mit einem Montag beginnt!)

Mein Heuhaufen, mein Sommer, meine Nacht, zähle nicht die Stunden, bis ich eintreffe.

W.

La Gorce Island, Miami Beach

Gerade hatte ich das mexikanische Hausmädchen mit dem Brief an Dich aus dem Haus geschickt, als ich gegen die Scheibe einer der vielen Glastüren prallte. Dabei wollte ich doch nur auf die Terrasse und in den Pool. Es hat, sag ich Dir, Funken geschlagen, vom Schmerz gar nicht zu reden. Mir brummt jetzt noch der Schädel. Möglicherweise, ich weiß noch nicht, hat das Nasenbein etwas abbekommen, aber wenn, dann hoffentlich nicht so schlimm, daß ich mich in ärztliche Behandlung begeben müßte. Von Ärzten habe ich, verständlicherweise, erst einmal die Nase voll!

Das inzwischen wieder ins Haus zurückgekehrte mexikanische Hausmädchen sah mich blutend und ziemlich benommen in einem Sessel sitzen, sah die Platzwunde an der Stirn, die Beule, meinen ganzen elenden Zustand und legte mir einen Kopfverband an, was ich geschehen ließ. Dabei allerdings muß sie mir zu nahe gekommen sein, denn anders kann ich mir die Tatsache nicht erklären, daß sie plötzlich auf mir saß. Als ich wieder zu mir kam, saß sie dort noch immer. Ich schloß daraus, daß wir es hinter uns hatten. Sie sagte etwas auf spanisch, sehr leise, sanft und keineswegs irgendwie außer Atem. Mir gefiel die Melodie ihrer Stimme. Sie stieg dann herunter von mir, der noch immer betäubt sitzenblieb. Sie kam zurück, wusch mich und ging aus dem Zimmer.

Ich stand auf, wobei ich mir in der Spiegelung der Glasscheiben zuschaute und feststellte, es war besser, ich setzte mich erst einmal wieder hin und dachte nach.

Ganz sicher weiß ich nur, daß ich die ganze Zeit über nichts gesagt habe. Auch sie habe ich, während wir uns liebten, nichts sagen hören. Ich muß annehmen, sie wahrscheinlich nicht einmal berührt zu haben. Ich bezweifle auch, daß ich mich während der ganzen Zeit überhaupt bewegt habe, ganz zu schweigen davon, sie umarmt oder gar geküßt zu haben.

Ich bin jetzt, wo ich Dir davon erzähle, noch immer verwirrt, noch immer erstaunt und eigentlich so willenlos wie seit dem Aufprall. Ich erinnere mich an einige Spielarten von Sex, nie aber kam etwas dem nahe, was ich gerade hinter mir habe.

Danach ging ich dann in die Küche. Ich hatte Durst. Das mexikanische Hausmädchen wusch Geschirr ab. Sie schaute mich an. Anzumerken aber war ihr nichts. Es war, als sei nichts je zwischen uns vorgefallen. Sie schien weder besonders lebhaft bei der Arbeit noch erkennbar ermattet oder erleichtert. Nein, sie errötete auch nicht. Mein Lächeln war nur der hilflose Versuch, Gewißheit über das zu erhalten, was wir getan hatten. Sie war so fremd wie die zuvorkommende, nette Person, die ich zum Postkasten geschickt hatte.

Genau das werde ich jetzt (mit diesem Brief) wieder tun. Und dann wird sie meinen Verband erneuern.

W.

[illegible] 2/6

[illegible] ?!

[illegible]

[illegible] ! ? [illegible]

[illegible] !! [illegible]

[illegible] A

[illegible] ?

[illegible] ?

PS

[illegible]

[illegible]  [illegible]

[illegible]

[illegible]

La Gorce Island, Miami Beach

Liebste, ich weiß nicht, was in Dich gefahren ist, anzunehmen, ich sei zu weit gegangen. Alles, was passiert, ist Teil einer unbekannten, trotzdem aber gemeinsamen Erfahrung. Auch das ohne Deine Anwesenheit Geschehene gehört Dir! Meine Extravaganzen ebenso wie meine Verzweiflung, die absurden Sehnsuchtsanfälle ebenso wie die Vielzahl der Widersprüche, die zu kontrollieren für mich wieder schwieriger geworden ist. Das Hausmädchen? Es gibt nichts zu verschweigen, nichts zu verdammen. Es gibt keinen Grund, den Gedanken auch nur ernst zu nehmen, etwas aus Rücksicht auf den Geliebten zu unterlassen. Wenn ich einer einzigen Sache sicher bin, dann der: zu einer Liebesgeschichte gehören mehr Beteiligte als nur eben diese zwei, die sich lieben. Es gibt Eindringlinge, Fremde, die sich einmischen. Unbekannte, deren Körper wir mit Händen durchwühlen. Verrat? Es gibt keinen.

Erheitert hat mich die Feststellung, ich sei wohl nicht richtig im Kopf! Und das nach dem Aufenthalt in der Klapsmühle! Großartig! Soll ich nicht Dr. Mitchell doch noch bitten, die Messer zu wetzen? Natürlich, mein böser Engel, brannte in Dir Schmerz. Das ist gut so, solange Du weiterhin bereit bist, die Freiheit jeder unserer Entscheidungen mehr zu lieben als die Liebe. Das mexikanische Mädchen war ein Wasserfall aus Honig. Ich denke aber, sie kann, käme es darauf an, auch Steine fressen. Mir imponiert so was.

Schau, was am Ende sein wird: was jedem von uns

während dieser seltsamen Zeit unserer Trennung, die ja keine ist, zugestoßen ist, steigert (wenn auch nicht auf die übliche Weise) unsere Sehnsucht, in die Gegenwart des eigenen Lebens heimzukommen. Wir sind Einzelgänger! Ich halte Dich, wenn Du zu müde bist, Dir selbst zu glauben. Aber ich verbiete Dir, aus Liebe (zu wem auch immer) geizig zu sein mit Deiner Neugier oder Deiner wilden Freude. Mir bedeutet, was Du zu tun unterläßt, nichts! Betrüge mich nicht durch Rücksichtnahme.

Es gibt nichts, was das Geheimnis unserer Liebe stärker macht als die Gewißheit ihrer Wahrheit. Aufrichtigkeit (und das Vergnügen daran, es zu sein) ist ein nicht unbeträchtlicher Teil davon.

Wenn nichts in mir lügt, liebe ich!

Eines Tages werden wir beide alt geworden sein. Und nichts wird aufgebraucht sein von allem, was wir verschwendet haben. Auch an andere, die wir liebten!

Siehe, es war gut! Du wirst sehen! Schreib mir! Jetzt, was Dr. Bagatella schrieb.

»Verehrter Freund! Ich hoffe, Ihr Lebenswille hat sich stabilisiert, Ihr Gemüt beruhigt und die Schwärze Ihrer Schwermut aufgehellt. Jedenfalls benutze ich diese Zeilen auch dazu, Ihnen meine besten Wünsche zu übermitteln, wohin Sie auch immer verschwunden sind. Ich schreibe Ihnen trotzdem durchaus in der Gewißheit, daß mein Brief in Ihre Hände gelangt und Sie die Neigung haben, mir zu verzeihen, und die Zeit, mir zu antworten. Es geht, direkt gesprochen, um jene (zumindest in meinen Augen) sonderbare Korrespondenz, die Sie führten, solange Sie mein Patient waren. Ich für meinen Teil habe vielleicht nur das geringe Verdienst, Ihnen den Wunsch erfüllt zu haben, um den Sie mich gleich bei meiner ersten Visite so dringend baten, eine Schreibmaschine zu bekommen, da Sie ungern mit der Hand schrieben. Das war nicht so einfach, wie Sie sich vorstellten. Es gibt Vorschriften, gegen die auch wir Ärzte nicht zu oft verstoßen dürfen. Bedenken Sie: zerlegen Sie eine Schreibmaschine in ihre Einzelteile – und Sie haben Werkzeuge, mit denen Sie alles mögliche anstellen können, z. B. sich tödliche Verletzungen zufügen! Sie standen ja anfangs unter dem begründeten Verdacht, suizidgefährdet zu sein. Es stand also in meiner Verantwortung, sie Ihnen entweder zu überlassen oder vorzuenthalten. Da ich aber nur eine Maschine praktisch frei zu meiner Verfügung hatte und diese von Mr. Wolfe – Sie wissen, unser guter Hemingway – in Beschlag genommen war, habe ich sie ihm kurzerhand weggenommen. Er schrieb darauf seine Leserbriefe an die verschiedensten Universitäten und öffentlichen Institute, die alle nur den Sinn hatten, auf den toten Autor gleichen Namens eine Prozeßlawine loszutreten. Da schien mir Ihre Beschäftigung, Briefe mit einer Frau zu wechseln, vernünftiger. Daß er Sie vom gleichen Tag an tief verstört nur noch gehaßt hat, haben Sie ja mitbekommen, Gott sei Dank mit Humor.

Eines der interessantesten Merkmale Ihres Charakters erschien mir immer, wie intensiv Sie sich mit den Patienten beschäftigt haben, wie ernsthaft, wie aufmerksam, mit welch geduldiger Zuneigung. Sie schienen Ihnen wirklichere Menschen zu sein, gerade weil sie alle, sagen wir einmal salopp, einen Spleen hatten. Sie waren, die meisten für immer, in das eine oder andere Extrem abgerutscht, wo sie sowohl eigensinnig wie durchaus phantasievoll die eigene Welt nicht nur aufbauten, sondern auch verteidigten. Fast hatte ich manchmal das Gefühl, Sie beneideten diese Menschen. Alle lebten ganz in der Gegenwart ihrer Einbildung.

Wie gesagt, meine kleine Gefälligkeit wäre an sich nicht der Rede wert, wenn sie mich nicht sofort näher mit Ihnen in Kontakt gebracht hätte. Notgedrungen nahm ich nun Kenntnis von der Tatsache, daß Sie (also Sie auch, dachte ich anfangs!) Briefe schreiben, daß Sie einen Briefwechsel führen, von dem ich ja nur hin und wieder die Antwortschreiben Ihrer, darf ich sagen, Geliebten zu Gesicht bekam. Sie selbst haben zu Anfang Ihrer Anwesenheit im »Reiter« Grund genug gehabt, mich diese Briefe sehen zu lassen, wollten Sie damit doch unterstreichen, daß Sie ein Recht hätten, behandelt zu werden. Wenn ich Sie in Ihrem Zimmer aufsuchte, fanden Sie immer eine Gelegenheit, mich von der Existenz dieser Korrespondenz wissen zu lassen.

Als ich dann einmal einen genaueren Blick auf einen der Briefe werfen konnte, aus dem Sie zitiert haben, war ich verblüfft. Ich sah zwar eine Handschrift, konnte aber so gut wie nichts lesen, geschweige denn entziffern. Ich sagte mir, daß ich vielleicht einfach nicht genug Zeit gehabt hätte, denn noch zweifelte ich nicht an der grundsätzlichen Lesbarkeit des Briefes.

Und tatsächlich, Sie werden das natürlich längst vergessen haben, kam es mir einmal, allerdings nur dieses eine Mal, so vor, als hätte ich nicht die geringsten Schwierigkeiten. Die Situation ist mir bis zum heutigen Tage ebenso unvergeßlich wie unverständlich – und überdies war sie mir damals über alle Maßen peinlich. Plötzlich, mitten in einem unserer Gespräche, gaben Sie mir ein Blatt, worauf nur ein einziger Satz zu lesen war. Was heißt zu lesen! Da stand etwas! Sie baten mich, das Geschriebene zu lesen! Zu meiner Verwunderung zögerte ich keine Sekunde und las. Was ich las, will ich nicht wiederholen, denn es wäre mir unangenehm. Nur soviel: es handelte sich um eine kurze, keineswegs obszöne, wohl aber um eine einigermaßen heftige Äußerung Ihrer Geliebten. Jedenfalls las ich das so vom Blatt. Was darauf folgte, war, daß Sie zuerst aus vollem Herzen lachten und dann: aber was denn! riefen, was denn! Genau das Gegenteil, das genaue Gegenteil, Doktor! Was lesen Sie nur! Sie teilten mir mit, mit Ihrem Finger jeder Bewegung jedes Wortes folgend, was da tatsächlich geschrieben stand. In der Tat! Mit dem, was ich gelesen hatte, hatte es nichts zu tun. Sie schauten mich an, nachdem Sie das Blatt zurück auf den Tisch gelegt hatten. Einerseits schienen Sie wissen zu wollen, wie ich darauf gekommen sei, von den Schenkeln Ihrer Geliebten zu sprechen, mir aber andererseits mit einem bedauernden Kopfschütteln zu verstehen geben zu wollen, daß Sie nicht darum gebeten hätten, einen frivolen Scherz mit mir zu teilen.

Wie, fragte ich mich, kam es, daß ich sicher war, den Satz so, wie ich ihn aufsagte, auch gelesen zu haben?

Die Sache ließ mich nicht mehr los. Ich mußte, redete ich mir ein, allein schon aus therapeutischen Gründen, Einblick nehmen in Ihre Korrespondenz. Und genau das habe ich getan. Dafür will ich mich nun nachträglich bei Ihnen entschuldigen.

Ich habe mich in Ihr Leben eingemischt, was als Psychiater allerdings meine Pflicht ist, aber diese Einmischung hatte weniger mit meiner Verantwortung zu tun als mit mir selbst, als Individuum, als Mensch, als Mann und auch, leider nicht so oft, wie ich mir selbst das wünschte, als Liebhaber.

Es ist auf die Dauer deprimierend, eine Katze mit Liebkosungen zu traktieren, die sie sich zwar mit ausgestreckten Krallen wohlig gefallen läßt, von denen sie aber zu ahnen scheint, daß sie sie nur stellvertretend entgegennimmt. Dann, wenn die Katze genug hat, kratzt sie. Und ich kratze meine Geige – was einem Verbrechen gleichkommt bei dem Wert, den sie hat. Vor dem Einschlafen dann, nach den Pantomimen der Erregung, die nicht viel taugen, rede ich mit Gott und bitte ihn, mir zu vergeben, daß ich Briefe, die ich an die eine oder andere Frau geschrieben habe, niemals abschickte. Andererseits habe ich auch nie einen Liebesbrief, an mich gerichtet, in Händen gehalten. Und so komme ich zu dem für mich wenig schmeichelhaften Schluß, daß ich in seiner Vorsehung als Liebhaber keine Rolle spiele. Darüber in Ruhe einzuschlafen, das versichere ich Ihnen, kostet Kräfte, über die auch ein allseits geschätzter Kollege nicht unbegrenzt verfügt. Da dies, wie Sie sehen, eine Beichte darstellt, will ich Sie daran erinnern, daß mein Problem darin bestand, diese Briefe einmal in Ruhe, in völliger, ungestörter Ruhe studieren zu können. Möglich war das nur, wenn Sie selbst nicht im Zimmer waren.

Ein Stock tiefer, nicht wahr, bewohnte Mr. Tschensky sein Zimmer, von dem ich wußte, daß er Sie faszinierte. Sie waren nach jedem Ihrer Besuche bei ihm jedesmal ziemlich aufgekratzt. Wie oft sprachen wir darüber, was aus diesem liebenswerten alten Mann hätte werden können, wenn er nur einfach nichts weiter im Leben getan hätte, als seine Glühwürmchen zu züchten. Sein ganzes Zimmer, in dem er gleichwohl wohnte und schlief, diente ihm als Brutstätte von Glühwürmchen.

Schön und gut, Glühwürmchen sterben aus. Warum nicht versuchen, sie deshalb zu züchten? Wir alle haben an dieses kuriose Lichterspiel in der Natur die schönsten Erinnerungen! Nur denkt Mr. Tschensky nicht an das, was unsereinem dazu einfällt. Er tut es, weil ihm aus jeder Steckdose die Fratze des Satans entgegengrinst. Er haßt Elektrizität! Sie kennen sicher seine Vorträge über das Ende der Zivilisation gut genug (auch wenn Sie, wie ich weiß, mehr mit ihm übereinstimmen, als ich es tat). Ich spürte, daß er für Sie etwas Besonderes war, ein Poet, vielleicht ein Künstler, in jedem Fall ein ernst zu nehmender Phantast, einer, der das Schöne nicht gelten ließ, weil er das Schönste anstrebte, es beschwor und daran glaubte. Ihnen war seine Hingabe an das verzaubernde Licht seiner Würmchen geradezu heilig! Was, sagten auch Sie mir immer wieder, ist denn dagegen der Handgriff, einen Lichtschalter zu betätigen, wert? Er hatte, wie wir wußten, den Kontakt aufgenommen zu europäischen Königshäusern (die einzige, die ihm je antwortete, war Königin Fabiola von Belgien!). Er schrieb an Millionäre. Er wandte sich an Picasso, der damals im Grab lag bereits. An Mr. Getty, einen Briefordner voll Durchschriften seiner Zettel an ihn! Ich gebe zu: ein Mann wie er, wäre er nicht ein Geisteskranker gewesen, wäre ganz sicher aufgefallen, er hätte Erfolg haben können, wäre zu Ruhm gekommen, alles nicht ausgeschlossen! Vielleicht hätte er mit seinen Würmchen Geld machen können, viel Geld womöglich, wer weiß! Er hätte Feste und Partys, Hochzeiten, Krönungen, Opernbühnen illuminiert. Welch erlesener Luxus, das nächtliche Licht einer Landschaft zu erschaffen aus vielen, vielen sich bewegenden, kleinen, tanzenden Lichtpunkten. Leider aber war er nicht so heilig, wie Sie das beliebten zu sehen. Er war kein naiver Naturbursche, sondern, am Ende und damit vor seiner Verhaftung, eine Bedrohung der öffentlichen Sicherheit, ja geradezu auf dem besten Weg, zum Terroristen zu werden. Zuerst ging er vergleichsweise harmlos noch mit der Axt auf elektrische Leitungen der eigenen vier Wände los. Dann schlug er in öffentlichen Gebäuden mit Besenstielen Kandelaber von der Decke. Er verschickte schließlich Bombendrohungen an Elektrizitätswerke. Und schoß – seine Heldentat! – den halben Times Square dunkel, und zwar vom Dach jenes Bürogebäudes, in dem er als Wachmann angestellt war.

Aber wie auch immer, mit seiner krankhaften Wut auf alles, was anders leuchtete als ein Glühwürmchen, erlosch immer rascher auch das Licht seines Geistes. So landete er dann bei uns.

Da ich nun wußte, daß Sie nie etwas gegen einen Besuch bei Mr. Tschensky einzuwenden hatten, war es für mich leicht, Sie zum Verschwinden aus Ihrem Zimmer zu bewegen. Und dann war Zeit, mich ans Entziffern der Briefe zu machen, die Sie, wie ich wußte, unverschlossen in Ihrer Schreibtischschublade aufbewahrten.

Ich verstand nichts, auch bei genauester Betrachtung nicht! Manchmal glaubte ich, etwas lesen, etwas auch verstehen zu können, sah dann aber ein, daß ich tatsächlich rein gar nichts verstand.

Bei einer Plauderei zwischen uns beiden, während wir rauchten und über Gott und die Welt redeten, habe ich einmal die Bemerkung fallenlassen, daß ich das, was ich mit einem kurzen Blick auf den einen oder anderen Brief erfaßt hatte, beeindruckend fände. Ich habe Sie beglückwünscht zu einer Frau, die so bemerkenswerte Briefe schriebe. Dazu haben Sie einfach nur genickt. Ich war erstaunt. Konnte es sein, daß Sie nicht im geringsten zu zweifeln schienen, daß diese Briefe entweder ganz und gar und damit für jedermann, und damit auch für Sie, unleserlich waren, – oder daß sie jedermann, also mir so gut wie Ihnen, verständlich sein müßten?

Mich verblüffte das, gebe ich zu. Einer von uns beiden konnte nicht richtig bei Trost sein. Zuerst naturgemäß nahm ich an, es seien Sie, der Patient! Wenn dem so war, daß Sie davon ausgingen, daß es sich bei den Briefen um leserliche Briefe in einer wenn auch individuellen Handschrift handle, dann allerdings mußte ich mit hoher Wahrscheinlichkeit annehmen, Sie seien auf die eine oder andere Weise tatsächlich geistesgestört, Opfer einer neurologischen Störung in irgendeinem Hirnlappenbereich, Träger eines Tumors oder sonst einer Beeinträchtigung Ihrer Gehirnfunktionen. Zwar räumten Sie ein, man müsse sich an jede Handschrift gewöhnen, um sie leicht lesen zu können, aber zu mehr Zugeständnissen an meine Verwunderung waren Sie nicht bereit. Wie sich bei der Behandlung Ihres Falles dann nach und nach herausstellte, waren Sie weder ein Fall für die Psychiatrie noch sonst irgendwie ungewöhnlich neurotisch. Und deshalb ging mir wieder die Frage durch den Kopf, um welche Art von Kommunikation es bei diesen Briefen ging. Ihre Briefe konnte ich ja nie lesen, leider. Da waren Sie geschickt. (Noch ein Geständnis: Sie glauben nicht, was alles ich versucht habe, um einen von Ihnen geschriebenen Brief abzufangen. Ich verzichte darauf, auch das noch zu beichten!)

Da saß ich also nun, überzeugt von der vollkommenen Natürlichkeit Ihrer Beschäftigung. Sie erhielten Briefe. Sie antworteten. Was aber war da, was ich trotzdem nicht verstand? War es nur die Schrift? Und wenn, war das eine Schrift, die mehr der Verführung diente als der Verständigung? Und weiter. Welche Sinne waren mir womöglich abhanden gekommen, so wenig zu verstehen? Sie glaubten mir ja nicht, daß ich sie nicht lesen könne. Wie war es möglich, daß es Augenblicke gab, wo ich bereit war, Ihnen mehr zu glauben als mir?

Nun denn, verehrter Freund, ich habe also nicht nur, wie vorgehabt, meine Beichte abgelegt, sondern auch das Geständnis, daß ich fast beginne, an meinem Verstand zu verzweifeln. Sie sind intelligent genug, ich weiß, um so etwas mit größtem Vergnügen zu hören.

Und so grüße ich Sie, verwirrt über die Vielzahl der Dinge, die nach einer Erklärung verlangen und uns ihre Botschaft aufprägen, ohne einen Hinweis auf ihren Sinn zu hinterlassen, um es in den Worten einer Schriftstellerin zu sagen, von der ich annehme, daß Sie sie so sehr verehren wie ich.«

W.

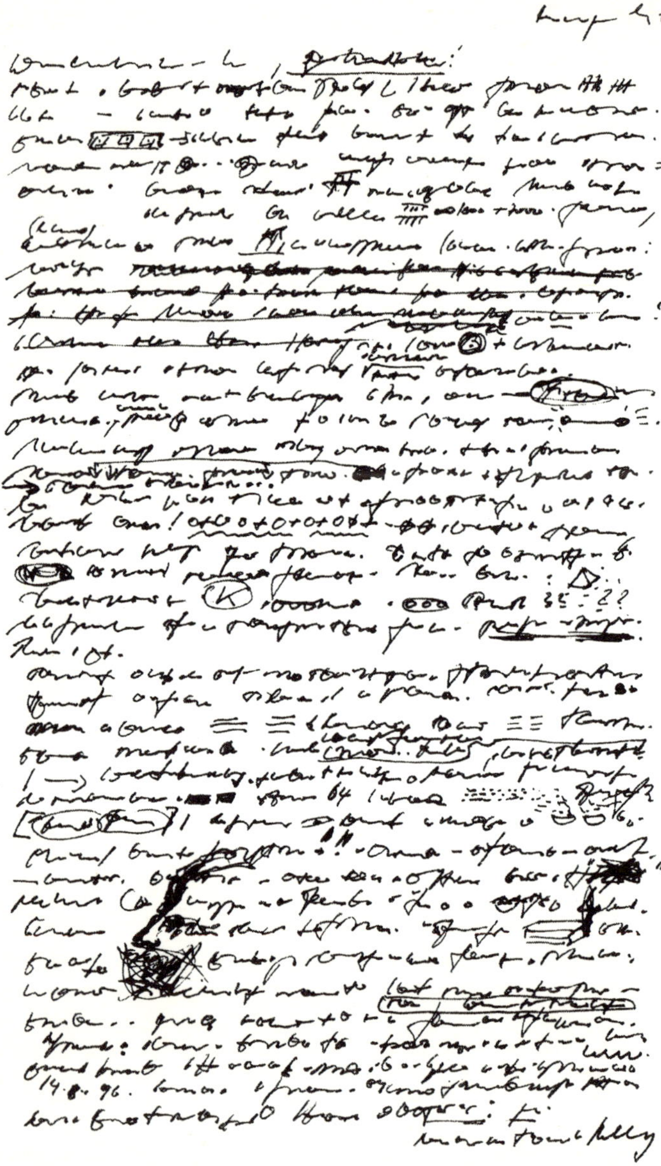

14.8.96.

La Gorce Island, Miami Beach

Ungeheuer! Aprikosenkauende Pharaonin!
Ich beeile mich, Dir zu antworten, da Du, wie Du schreibst, eine Antwort nicht lange abwarten willst, bevor du Wien verläßt und nach Kairo fliegst. Kairo? Guter Gott! Was ist passiert, erzähl!

Ich gebe zu, daß mich diese Neuigkeit überrascht und die Überraschung mich heute morgen, als die Post eintraf, wachgerüttelt hat, als hätte mich ein wortkarger Mann an seinem Angelhaken durch eiskaltes Wasser gezogen.

Der erste Brief, den ich zweimal lesen mußte! Ich traute meinen Augen nicht.

Natürlich las ich jeden Deiner Briefe nie nur einmal, aber aus Eitelkeit. Der hier aber hat ein Feuer, das auch nach der zweiten Berührung nicht wärmt. Mir ist kalt!

Kairo? Die ideale Stadt zum Untertauchen, ein Kontinent zum Verschwinden. Und ausgerechnet dort willst Du nun, daß ich Dich finde. Nein, Deinen Humor jedenfalls scheinst Du nicht eingebüßt zu haben. Ein Grund mehr, mich auf die Socken zu machen.

Wie einfach wäre alles in Wien gewesen!

Ich hoffe, Du hast nicht vor, Dich auch noch zu verhüllen? Was ich Dir natürlich zutraue, zumal es an Ort und Stelle sicher praktischer wäre. Über die Stadt weiß ich nichts, gar nichts. Auch nicht über den Status der europäischen Frau dort, kann mir aber kaum vorstellen, daß sie Dich als Teil ihrer Volksmärchen anerkennen. Und die Männer, die jungen vor allem, sind ja mittlerweile wohl überall auf der Welt gleich. Die Begeisterung, mit der Du mir über die bevorstehende Reise geschrieben hast, zeigt das Kind, das Du bist. Zugleich natürlich bist Du eine erwachsene Frau. Ich werde also zwei Personen suchen müssen, eine Frau und ein Kind, beide abwechselnd unsichtbar.

Such mich dort, schreibst Du. Und fügst hinzu: falls Du es noch vorhast! Was ist das? Ein trunkener Schrei? Ein gutgemeinter Befehl? Das boshafte, aber perfekte Understatement? Die Übermüdung Deiner Seele? Ich werde, ich verspreche es, nilaufwärts, nilabwärts laufen. Ich werde Dich, und sollte es mich meinen Verstand kosten, finden! (Lach nicht, nicht jetzt, wo mir das Lachen vergeht!)

Du erwähnst in Deinem Brief das Datum meines Geburtstages und machst die Andeutung eines Geschenks, aber nicht eines, das Du mir zu machen gedenkst, sondern eines, das Du Dir von mir erwartest.

Natürlich, die Tätowierung. Eben noch am Angelhaken unter Wasser, erfüllt es mein fast schon erfrorenes Herz mit der Wärme einer glühenden Nadel. Du bestehst also noch darauf, daß ich mein Versprechen wahr mache? Ich werde, glaub mir, mit der größten Freude tun, worum Du bittest. Wo auch immer, auch im fernen unbekannten, lauten, mörderischen Durcheinander einer Stadt wie Kairo! Von mir aus! Ich war nie da, aber ich werde da sein! Also, entkleide Dich bei Gelegenheit und reinige diese Stelle Deines Körpers.

Hilft suchen, um Dich zu finden? Helfen Gebete? Wenn ja, in welcher Sprache? Sei aber sicher, daß ich jedes Staubkorn umwenden, jede Gasse abgehen, jeden Millimeter der Bazare durchkämmen, jedes Viertel absuchen, alle Hotels befragen werde. Und das mit der Geduld eines Gläubigen! Die Tatsache, daß zumindest Du selbst nicht im geringsten am Erfolg meiner Bemühung zweifelst (offenbar auch daran nicht, daß ich überhaupt komme und das Abenteuer durchstehe), gibt mir Mut genug, den aussichtslosen Versuch zu wagen. Was für eine Narretei! Aber immerhin wenigstens das, eine Narretei.

W.

Wolf Wondratschek im dtv

»Wondratschek erzählt unerhörte Begebenheiten und wunderliche Schicksale mit seltener Prägnanz, lakonisch und lebendig.«
Gert Mattenklott

Die große Beleidigung
Vier Erzählungen

ISBN 3-423-13059-8

»Wondratscheks Erzählen ist Seelenarchäologie: Sowie er seine Personen ins Werk setzt, öffnen sich die sedimentären Landschaften ihrer Innenwelt.« (Die Zeit)

Mozarts Friseur

ISBN 3-423-13186-1

Eines Tages betritt Mozart, übermüdet vom Nachruhm, in Wien einen Friseursalon. Was ist passiert? Darf sich ein Genie, selbst zweihundert Jahre nach seinem Tod, alles erlauben?

Die Einsamkeit der Männer
Carmen
oder Bin ich das Arschloch der achtziger Jahre
Gedichte

ISBN 3-423-13332-5

Zwei der großen Gedichtzyklen in einem Band.

Im Dickicht der Fäuste

ISBN 3-423-13362-5

»Doping für die Literatur, zumal in unseren öden, weichgespülten Zeiten.« (Der Spiegel)

Mara
Eine Erzählung

ISBN 3-423-13407-0

»Ich bin eben nicht nur einfach ein Cello, sondern das Kind meines Vaters, ein Kunstwerk eigenen Rechts. Und ich bin Mara, eine Legende.«
»Wolf Wondratschek verlässt die ausgetretenen Pfade der Erzählkunst und bringt ein Cello wunderbar zum Klingen.« (Die Zeit)

Einer von der Straße
Roman

ISBN 3-423-13426-7

Die Karriere einer Legende. Die Biographie eines Milieus. Die Männer, die Mädchen.

Tabori in Fuschl
Das Mädchen und der Messerwerfer. Orpheus in der Sonne. Tabori in Fuschl. Abschiedsstücke. Auf dem Weg zu Salomé. Coda
Gedichte

ISBN 3-423-13458-5

»Wondratschek ist ein ebenso größenwahnsinnger wie großartiger Dichter.« (Frankfurter Allgemeine Sonntagszeitung)

Wilhelm Genazino im dtv

»Wilhelm Genazino beschreibt die deutsche Wirklichkeit zum Fürchten gut.«
Iris Radisch in der ›Zeit‹

Abschaffel
Roman-Trilogie
ISBN 3-423-**13028**-8
Abschaffel, Flaneur und »Workaholic des Nichtstuns«, streift durch eine Metropole der verwalteten Welt.

Ein Regenschirm für diesen Tag
Roman
ISBN 3-423-**13072**-5
Geld verdienen kann man mit den unterschiedlichsten Tätigkeiten. Zum Beispiel als Probeläufer für Luxushalbschuhe. – Wunderlich-poetisch und irrwitzig-komisch: ein Buch, mit dem man das Staunen über den Alltag wiedererlernen kann.

Eine Frau, eine Wohnung, ein Roman
Roman
ISBN 3-423-**13311**-2
Ein Mensch von siebzehn Jahren fliegt vom Gymnasium, das kommt vor. Für Weigand selbst ist das nicht weiter tragisch, denkt er doch nur daran, endlich erwachsen zu werden und die drei Dinge zu haben, die es dazu braucht: eine Frau, eine Wohnung und einen selbst geschriebenen Roman. – »Wohl das Beste, was Genazino je geschrieben hat.« (Uwe Wittstock in der ›Welt‹)

Die Ausschweifung
Roman
ISBN 3-423-**13313**-9
»Für solche ›Szenen einer Ehe‹ gibt man gern einige Kilo bester Erfahrungsliteratur her.« (Süddeutsche Zeitung)

Fremde Kämpfe
Roman
ISBN 3-423-**13314**-7
Da die Aufträge ausbleiben, versucht sich der Werbegrafiker Peschek auf fremdem Terrain: Er läßt sich auf kriminelle Geschäfte ein …

Die Obdachlosigkeit der Fische
ISBN 3-423-**13315**-5
Eine Lehrerin vergewissert sich einer fatal gescheiterten Jugendliebe in einer brisanten Phase ihres Lebens.

Achtung Baustelle
ISBN 3-423-**13408**-9
Kluge, ironisch-hintersinnige Gedanken über Lesefrüchte aller Art.

Uwe Timm im dtv

»Als Stilist und Erzähler sucht Uwe Timm in Deutschland seinesgleichen.«
Christian Kracht in ›Tempo‹

Heißer Sommer
Roman
ISBN 3-423-**12547**-0

Johannisnacht
Roman
ISBN 3-423-**12592**-6
»Ein witzig-liebevoller Roman über das Chaos nach dem Fall der Mauer.« (Wolfgang Seibel)

Der Schlangenbaum
Roman
ISBN 3-423-**12643**-4

Morenga
Roman
ISBN 3-423-**12725**-2

Kerbels Flucht
Roman
ISBN 3-423-**12765**-1

Römische Aufzeichnungen
ISBN 3-423-**12766**-X

Die Entdeckung der Currywurst · Novelle
ISBN 3-423-**12839**-9
und dtv großdruck
ISBN 3-423-**25227**-8
»Eine ebenso groteske wie rührende Liebesgeschichte ...« (Detlef Grumbach)

Nicht morgen, nicht gestern
Erzählungen
ISBN 3-423-**12891**-7

Kopfjäger
Roman
ISBN 3-423-**12937**-9

Der Mann auf dem Hochrad
Roman
ISBN 3-423-**12965**-4

Rot
Roman
ISBN 3-423-**13125**-X
»Einer der schönsten, spannendsten und ernsthaftesten Romane der vergangenen Jahre.« (Matthias Altenburg)

Am Beispiel meines Bruders
ISBN 3-423-**13316**-3
Eine typische deutsche Familiengeschichte.

Uwe Timm Lesebuch
Die Stimme beim Schreiben
Hg. v. Martin Hielscher
ISBN 3-423-**13317**-1

Martin Hielscher
Uwe Timm
dtv portrait
ISBN 3-423-**31081**-2

Maxim Biller im dtv

»Begrüßen wir einen möglichen Geistesenkel Tucholskys!«
Süddeutsche Zeitung

Die Tempojahre

ISBN 3-423-11427-4

Eine rasante Chronik der achtziger Jahre. – »Biller liebt nicht den leichten Degen, er bevorzugt den Säbel.« (Der Standard)

Wenn ich einmal reich und tot bin

ISBN 3-423-11624-2

»Ich habe seit den Nachkriegsromanen von Wolfgang Koeppen, seit Bölls früher Prosa, seit einigen Essays von Hannah Arendt, Adorno, Mitscherlich und Hans Magnus Enzensberger kaum etwas gelesen, das dem Blendzahn der Zeit so wahr und diesmal so witzig an den Nerv gegangen wäre ... Was für ein Buch!« (Peter von Becker, ›Süddeutsche Zeitung‹)

Land der Väter und Verräter
Erzählungen

ISBN 3-423-12356-7

Deutschbuch

ISBN 3-423-12886-0

Deutschland, peinlich Vaterland ... In seinen Reportagen und Kolumnen erzählt Biller von den kleinen und großen Dummheiten der neunziger Jahre.

Kühltransport
Ein Drama

ISBN 3-423-12920-4

Seidenstraße des Todes: ein menschliches Drama vom grausamen Erstickungstod einer Gruppe illegaler Einwanderer aus China, gestorben auf dem Weg in eine »bessere Welt«.

Die Tochter
Roman

ISBN 3-423-12933-6

Motti Wind, ein junger Israeli, versucht, in Deutschland heimisch zu werden. »Ein Roman wie von Dostojewski.« (Hannes Stein, ›Die Welt‹)

Der perfekte Roman
Das Maxim-Biller-Lesebuch

ISBN 3-423-13087-3

Geschichten von der Suche nach dem Glück.

Günter Grass im dtv

»Günter Grass ist der originellste und vielseitigste lebende Autor.«
John Irving

Die Blechtrommel
Roman
ISBN 3-423-11821-0

Katz und Maus
Eine Novelle
ISBN 3-423-11822-9

Hundejahre
Roman
ISBN 3-423-11823-7

Der Butt
Roman
ISBN 3-423-11824-5

Ein Schnäppchen namens DDR
ISBN 3-423-11825-3

Unkenrufe
ISBN 3-423-11846-6

Angestiftet, Partei zu ergreifen
ISBN 3-423-11938-1

Das Treffen in Telgte
ISBN 3-423-11988-8

Die Deutschen und ihre Dichter
ISBN 3-423-12027-4

örtlich betäubt
Roman
ISBN 3-423-12069-X

Der Schriftsteller als Zeitgenosse
ISBN 3-423-12296-X

Der Autor als fragwürdiger Zeuge
ISBN 3-423-12446-6

Ein weites Feld
Roman
ISBN 3-423-12447-4

Die Rättin
ISBN 3-423-12528-4

Aus dem Tagebuch einer Schnecke
ISBN 3-423-12593-4

Kopfgeburten
ISBN 3-423-12594-2

Gedichte und Kurzprosa
ISBN 3-423-12687-6

Mit Sophie in die Pilze gegangen
ISBN 3-423-12688-4

Mein Jahrhundert
ISBN 3-423-12880-1

Im Krebsgang
Eine Novelle
ISBN 3-423-13176-4